KB064274

아무것도 하지 않는

休

# 아무것도 하지 않는

休

오원식 지음

©표정

prologue
+
# 우리는 잘 쉬고 있는 걸까요?

*당신을 거치는 사람은 누구나*
*더 나아지고 행복해져서 떠나게 하세요.*
*-마더 테레사*

우리 삶에는 휴식이 필요합니다. 새로운 도약을 위해서든, 자기 치유를 위해서든, 단지 쉬어야 할 것 같아서든 우리는 늘 휴식을 해왔습니다. 휴식이 가치를 만드는 시대이기도 합니다. 휴식의 경제적 가치를 따지는 사람도 있죠. 그런데 지금 우리는 잘 쉬고 있는 걸까요?

휴休는 쉰다는 뜻입니다. 한자를 풀어보면 사람人과 나무木가 함께 있습니다. 나무 아래 앉거나 누워 쉬는 것이죠. 식息은 숨 쉰다는 뜻입니다. 역시 한자를 풀어보면 나自의 마음心입니다. 숨은 곧 나의 마음입니다. 숨을 고르거나, 한숨을 내쉬거나, 가쁜 숨을 몰아쉬거나, 숨을 죽이는 것은 마음이 그러하기 때문입니다. 그러니까 휴식은 숨을 쉬는 것이며 마음을 쉬는 것인데, 나무 아래에서 그렇게 합니다.

신화 속 나무는 세속적 세계와 영적 세계를 이어주는 존재입니다. 나무 아래 정화수를 떠놓고 빌기도 했고, 깨달음을 얻기 위해 보리수 아래 앉아 명상하기도 했고, 올리브 나무 아래에서 하늘에 기도하기도 했습니다. 이렇게 보면 나무 아래에서 숨 쉬는 것은 간단하지 않은 일입니다. 매우 일상적인 행위이면서 영적이기도 합니다. 쉬다가 깨치는 일이 종종 있는 것은 우연만은 아닌 것 같습니다.

숨을 고르며 마음을 고르는 것. 아무것도 하지 않고 휴 하고 식 하는 이때가 참 좋습니다. 아무것도 하지 않으면서 참 많은 것을 하죠.

수레바퀴는 중심이 비어 있습니다. 그래서 수레가 될 수 있습니다. 휴식은 수레의 빈 중심 같은 것입니다. 욕망의 숨 가쁜 회전을 멈추고, 빈 중심으로 돌아가는 일은 매우 가치 있는 일입니다.

빈 중심에 서면 우리의 일상을 다시 볼 수 있습니다. 그리고 자신의 모습으로 살아갈 힘을 얻습니다. 일상 자체가 휴식이 된다면 더욱 좋은 일입니다. 중심이 빈 수레바퀴 자체가 되는 것이죠.

이 책은 참된 휴식의 이야기입니다. 쉰다는 것은 몸만이 아니라 마음까지 쉬는 것임을 말하고, 마음을 잘 쉬는 방법으로 명상 이야기를 전합니다.

스스로를 돌보고 치유하는 자연 건강 생활 이야기도 전합니다. 나는 소중합니다. 나를 위해 잘 먹고, 잘 자고, 잘 움직이고, 잘 숨 쉬고, 잘 마음먹어야 합니다. 마음으로 몸을 돌보고, 몸으로 마음을 다스려야 하죠. 평범이 비범하다는 사실, 남을 위한 마음은 나부터 건강하게 만든다는 기쁜 소식도 전합니다.

숲에는 우리 몸과 마음에 이로운 물질이 많습니다. 긴 세월을 거치면서, 우리 몸과 마음이 자연에 잘 어울리게 만들어진 결과입니다. 우리는 자연이 낳은 자식이죠. 숲의 종소리에 잠시 멈추어 서서 숲이 전하는 치유의 말을 듣습니다. 이제 숲은 말을 멈출지도 모릅니다. 우리가 잘 듣지 않기 때문입니다.

예술에는 치유의 힘이 있습니다. 좋은 예술은 감상 자체가 치유 과정이죠. 자기표현은 더욱 적극적인 치유 행위고요. 예술은 나를 나답게 만듭니다. 순수한 몰입의 즐거움, 예술 치유 이야기도 나눕니다.

행복한 공동체의 꿈도 더해봅니다. 나보다 먼저 남을 위하는 마음을 품을 때, 나부터 행복할 수 있음을 생각합니다. 그 행복이 공동체의 토양이 된다고 믿습니다. 유토피아는 어디에도 없는 곳no where입니다. 하지만 지금 여기now here이기도 합니다. 지금 여기에 온전히 머무르는 삶, 그것이 참된 휴식이며 유토피아 아닐까 싶습니다.

나를 위한 3주 명상 프로그램도 짜보았습니다. 지금 이 순간에 단지 존재하는 행복을 경험할 수 있다면 좋겠습니다.

여기 쓴 이야기들은 길 위에서 주워들은 것입니다. 책에서, 사람에게서, 숲에서, 고요한 가운데 나에게서 모두 주워 모았습니다. 마음을 여니, 비록 남루하고 향기가 적다 해도 모여서 꽃을 피웁니다.

저는 스승이거나 의사거나 구루거나 학자거나 대체 요법사가 아닙니다. 산중 수행을 거친 현자라고 할 수도 없습니다. 그저 생활인입니다. 인생 도처가 휴식처라고 믿으며 공부하는 사람입니다.

힐링이 기세를 부리니 그에 대한 비판도 많습니다. 힐링도 스트레스다, 단순한 위로 아닌가, 나만 바꾼다고 모든 일이 해결되는가, 내면으로 들어가지 말고 광장으로 나가야 한다, 세상을 사유하고 좋은 세상을 위해 싸워야 한다, 그런 소중한 말들입니다. 맞습니다. 그런데 그것도 쉬면서 하자고 말하고 싶습니다.

정正이라는 말이 있습니다. 이 말에는 하나一에 머문다止는 뜻이 있습니다. 어디에서 와도 하나에 머물 때 정할 수 있습니다. 그 길로 가야 사람이 모입니다. 그것이 변화의 길입니다. 휴식은 덜어내기입니다. 덜어내면 더 명료해집니다. 본질에 더 가까워집니다. 그래야 정으로 가는 길이 보인다고 어리석게도 믿고 있습니다.

글을 쓴다는 것은 자신의 무지를 드러내는 일입니다. 하지만 쓰겠다는 용기를 내봅니다. 이 책에는 참된 휴식을 위한 참살이 공간인 한겨레 휴센터를 기획하고 만들고 운영하면서 느끼고 배운 것도 녹아 있습니다. 감사한 일입니다. 좋은 사진을 더해주신 사진작가 표정 님께 고마움을 전합니다. 사랑하는 아내와  두 아이에게는 어떤 말로 고마움을 표할 수 있을까요. 가장 가까운 스승들을 보내주신 하늘에 감사드릴 뿐입니다.

여기서 제시한 것들이 마음에 들지 않을 수 있습니다. 그럴 때는 그냥 쉬어보세요. 평소 좋아하는 방법으로. 그래도 잘 안 쉬어지면 아무데나 펼쳐보시기 바랍니다. 그것이 휴식에 방해가 되지 않기를 또한 기원합니다.

2014년 6월 오원식

# 휴休 + 하나

## 비움은 즐겁다

# 시간의 점

*가진 것이 없어서 무소유가 아니라*
*가진 것이 너무 많아서 무소유입니다.*
*–법정*

여행은 원래 자리로 돌아올 수 있어 여행입니다. 몽골에서 그런 여행을 했습니다.

그곳에는 비어 있는 들판과 사막이 있었습니다. 대지에 담긴 호수와 들판을 적시는 강도 있었습니다. 그 모두를 덮는 하늘도 있었죠. 먼 옛날 우리에게도 있었을 빈 대지의 풍요로움이 그대로 있었습니다. 몽골도 변화의 바람을 피할 수 없을 테고, 빈 대지에는 또 무엇이 채워질 것입니다. 그래서 더욱 기억하고 싶은 곳입니다.

우리에게는 빈 대지가 필요합니다. 사방을 둘러보아도 대지뿐인, 하늘과 땅이 하나의 길고 유장한 선에서 만나는 곳. 그곳에서 새들은 땅을 스치며 날고, 변화무쌍한 하늘은 붉고 푸른 춤을 추고, 짙고 건조한 구름 그림자는 대지를 파도치는 바다처럼 만듭니다. 흙으로 만들어진 바다죠. 그 바닷가 낮은 언덕 위에는 들꽃이 피어 있고, 꽃들은 가랑비에 자라며 작은 얼굴을 지천으로 흔들어댑니다.

이곳에 밤이 내리면, 지평선 이쪽과 저쪽을 잇는 거대한 별들의 무리가 흘러갑니다. 밤하늘을 넋 놓고 보고 있자면, 별들의 색이 매우 다채롭다는 사실을 알게 됩니다. 별들은 제자리에서 눈물방울처럼 흔들리고 있으며, 유성은 쉼 없이 길게 떨어진다는 사실도 알게 됩니다. 별을 빛나게 하는 짙은 어둠은 또 얼마나 순수하고 고상한 아름다움을 지니는지, 은하수라는 말이 얼마나 적확한 표현인지도 실감하죠. 별이 빛나는 하늘은 그 아래 홀로 서 있는 사람의 존재감도 또렷하게 비춰줍니다.

그곳에 사는 우리를 꼭 닮은 사람들은 땅 위에 나무 막대를 세워 기둥을 삼고 천을 둘러 벽을 삼아 집을 짓습니다. 땅 위에 선 임시 거처, 게르입니다. 늘 뜯어야 하는 집이죠. 인공이지만 자연을 담은 인공입니다. 경계를 지우는 경계라고 말할 수 있습니다. 게르 지붕을 두드리는 빗줄기의 긴 손가락들은 맑고도 슬픈 비의 음악을 전해옵니다. 들판을 가로지르는 바람은 거칠고 외로운 마음을 발길질로 전해오고요. 게르 한가운데에서 나무를 타고 피어오르는 불꽃은 사람들의 얼굴을 붉게 밝히고, 피로한 발을 따뜻이 데워 가슴까지 온기를 올려줍니다. 그러면 불가에 둘러앉은 얼굴들은 가슴에서 가슴으로 이어져 이야기를 나누게 되죠. 그 이야기 속에서 나는 나에게, 너는 너에게 더 가까워집니다.

여행자의 낭만일 뿐일까요? 하지만 거기에서 저는 시간의 점 하나를 찍었습니다. 그전과 후를 나누는.

우리에게는 빈 대지 같은 곳이 필요합니다. 우리가 다시 시작할 수 있는 자리. 시간의 점 하나를 찍고, 다시 우리의 외롭지도 슬프지도 않은 삶을 시작할 수 있는 제로 베이스 같은 곳 말입니다. 휴는 그런 자리입니다. 거기서부터 시작할 수 있습니다.

# 휩쓸리지 않고

*여러분 자신이 텅 비어 있음을,*
*아무것도 아님을 깨닫는 겸손의 상태가 되어야*
*하느님은 여러분을 당신 자신으로*
*가득히 채워주실 것입니다.*
*-마더 테레사*

참으로 쉴 때 우리는 마음까지 쉽니다. 복잡한 머리, 불편한 마음으로는 잘 쉴 수 없습니다. 마음이 쉬고 있으면 몸은 바빠도 쉬고 있는 것처럼 힘들지 않습니다.

억億이라는 한자가 있습니다. 수의 단위죠. 이 말을 풀면 사람人이 하루日에 일으키는立 마음心이라는 뜻이 있습니다. 사람이 일으키는 마음은 그렇게 많습니다. 매 순간 일어났다 사라지죠.

쉰다는 것은 마음을 멈추는 것입니다. 마음속 재잘거림을 잠재우는 일이죠. 마음속 귀에 대고 끊임없이 평가하고, 비방하고, 칭찬하고, 부추기는 내면의 목소리가 침묵할 때, 반가운 손님처럼 휴식이 찾아옵니다.

사람은 여러 겹으로 이루어진 존재입니다. 간단하게는 몸과 마음으로 나눌 수 있습니다. 마음에는 자아의식과 무의식이 있죠. 무의식은 개인 무의식과 집단 무의식으로 나누기도 합니다. 사람을 이해하기 위해 방편적으로 만든 개념이죠.

여기서는 사람을 영혼백체靈魂魄體로 이루어진 존재라고 생각해보겠습니다. 영靈은 하늘로부터 받은 우리의 본래 모습입니다. 보이지 않지만 우리 안에 있습니다. 먼지 낀 거울처럼, 잘 닦아내면 드러납니다. 몽골의 빈 대지처럼, 나와 너의 경계가 없는 빈자리죠. 이 자리에서 본래 모습으로 살아가는 사람을 성인聖人이라 부를 수 있습니다.

혼魂은 세상을 살면서 지니게 되는 온갖 생각과 감정, 느낌의 덩어리입니다. '나'라고 하는 것도 혼이 주는 느낌입니다. 비물질적인 나라고 할 수 있겠죠. 내가 일으키는 마음이 바로 혼의 작용 아닐까 싶습니다.

백魄은 생명력입니다. 생명 유지에 필요한 에너지죠. 공기空氣와 곡기穀氣로 채워집니다. 건강한 에너지가 공급되지 않으면 영혼이 피폐

해질 수 있습니다. 영과 혼과 백은 모두 에너지라고 말할 수 있습니다.

이에 반해 체體는 영과 혼과 백이 사는 소중한 집입니다. 컴퓨터로 비유해보면 영혼백은 소프트웨어, 체는 하드웨어라고 할 수 있습니다. 눈에 보이는 구체적인 것이지만 체에 대해서도 우리가 아는 것은 그리 많지 않습니다. 영혼백체는 어느 하나 귀하지 않은 것이 없습니다.

혼비백산魂飛魄散이라는 말이 있습니다. 우리가 죽으면 혼魂은 공중으로 날아가고飛, 백魄은 흩어집니다散. 그리고 체는 썩어서 흙으로 돌아가죠. 남는 것은 영입니다. 영은 떠나왔던 고향으로 돌아갑니다. 사람이 죽었을 때 '돌아가셨다' 는 말을 씁니다. 본향本鄕으로 돌아가는 거죠.

영혼백체가 조화로우면 건강합니다. 세계보건기구는 건강의 범주에 신체적 건강과 함께 정신적 건강, 사회적 건강, 영적 건강까지 포함했습니다. 신체뿐 아니라 정신이 건강하고, 타자와 조화롭고, 영적으로 고양될 때 건강합니다. 영성 가득한 성인은 영혼백체가 조화로운 사람이죠. 영의 자리에서 살아갈 수 있도록, 혼과 백과 체가 조화롭게 움직이는 것입니다. 반면 영혼백체가 균형을 잃을 때, 마음에서든 몸에서든 탈이 납니다.

마음을 쉬는 데 중요한 것은 영입니다. 이 자리에 서야 잘 쉴 수 있습니다. 여기 서지 않으면 마음이 산만해지고, 미혹에 빠지며, 욕망에 휘둘립니다. 자신의 참모습을 잃고 방황하게 되죠. 비방하고 칭찬하는 마음속 재잘거림을 끝없이 듣게 되고, 일어나고 사라지는 잡념의 파도를 멈출 수 없습니다.

이 모든 것을 잠깐 멈추고, 본래 모습으로 살도록 돕는 것이 명상입니다. 명상은 무념무상의 상태에서 고요히 쉬는 것입니다. 마음을 쉬고, 본래 모습으로 살아갈 힘을 키워줍니다. 이 세상에 살아 있는 한, 생각과 감정의 파도를 멈출 수는 없습니다. 하지만 파도를 타는 서핑을 배울 수는 있습니다.[1] 파도에 휩쓸리지 않고 현명하게 즐길 수 있죠. 본래 자신의 자리에서 말입니다.

# 고마운 스트레스

*자리에서 일어나면 아침 햇빛에 감사하라.*
*당신이 가진 생명과 힘에*
*당신이 먹는 음식과 생활의 즐거움에 감사하라.*
*–쇼니족 인디언*

명상에 관심이 높아졌습니다. 마음이 편치 않은 것입니다. 젖은 솜이불처럼 무거운 마음을 안고 삽니다. 겉은 멀쩡한데, 속은 썩고 있죠. 속이 썩어 병이 나면, 그제야 관심을 돌립니다. 왜 이럴까요?

병은 사람이 거듭날 수 있는 고마운 선물이라고도 말합니다. 하지만 너무 늦은 선물도 있습니다.

생명체는 위협적인 상황에서 두 가지 반응을 보인다고 합니다. 싸우거나 도망가는 것입니다. 둘 다 생존을 위한 반응입니다. 이 상황에서는 몸이 먼저 움직입니다. 심장이 빨리 뛰고, 근육으로 혈액이 재빨리 공급됩니다. 신경이 곤두서고, 통증도 잘 느끼지 못합니다. 창의적인 생각, 복잡한 감정, 아름다움을 느끼는 감성도 사라지고 매우 단순해집니다. 싸우거나 도망가는 데 필요한 신체 활동으로 모든 것이 집중되죠.

인류가 수렵과 채집으로 살아가던 때 맹수를 만나거나, 적의 돌도끼 앞에 서거나, 느닷없는 자연재해를 당하는 순간을 상상해보세요. 순간적인 반응이 필요합니다. 거의 무의식적인 반응이죠. 우리는 선사 시대 인류와 크게 다르지 않은 신체를 지니고 있습니다. 동일한 종이죠. 타임머신을 타고 선사 시대로 건너간다면, 그들과 사랑에 빠져 아이를 낳고 살 수 있습니다.

생존을 위협하는 상황은 스트레스 상황과 다르지 않습니다. 그에 따른 신체 반응도 유사합니다. 스트레스에는 좋은 스트레스도 있습니다. 적당한 스트레스는 권태와 무력감에 빠지지 않도록 합니다. 장수하려면 좋은 스트레스가 필요합니다.

문제는 나쁜 스트레스입니다. 나쁜 스트레스는 자극이 강하고 지속적입니다. 게다가 여러 가지 원인이 동시에 작용해 사람을 소진시키죠. 적이 분명하지 않다고 할까요. 그래서 더 어렵습니다. 무엇과 싸우고, 무엇을 피해야 할지.

워싱턴대학교 정신과 교수인 토머스 홈스와 리처드 라헤는 일상생활에서 겪는 일을 토대로 스트레스 지수를 만들었습니다. 배우자 사망은 100, 이혼은 73, 투옥은 63, 사소한 법률 위반으로 인한 벌금은 11 등으로 수치화했죠. 그들은 150에서 299 사이의 누적 스트레스를 받은 사람들 중 거의 절반이 1년 이내에 육체적 · 심리적 · 정신적으로 병들었고, 300 이상의 스트레스를 받은 사람들은 발병률이 80퍼센트에 달한다는 사실을 발견했습니다.[2] 스트레스는 만병의 근원입니다.

그럼 스트레스를 어떻게 해결해야 할까요? 먼저 뇌 이야기를 잠깐 하겠습니다. 우리 뇌는 3개 층으로 구성되어 있다고 합니다. 뇌 가장 안쪽의 뇌간, 중간의 변연계, 가장 바깥의 대뇌피질. 뇌는 안쪽에서부터 바깥으로 진화했습니다.

뇌간은 생명의 뇌입니다. 반사 작용과 불수의근(의지와 관계없이 자율적으로 운동하는 근육) 등을 관장합니다. 위험한 순간에 반사적 행동으로 우리를 구합니다. 심장도 뛰게 하고요.

뇌간을 감싸고 있는 변연계는 감정의 뇌입니다. 공포, 흥분, 애정 등의 감정과 기분을 담당합니다. 또한 수면, 허기, 갈증, 체온, 성욕, 생리 작용, 신진대사, 면역 체계를 조절합니다. 흥분하면 소리치고, 공포를 느끼면 움츠리고, 애정을 느끼면 꼬리치는 행동은 변연계의 발달 덕분입니다.

뇌 가장 바깥쪽의 대뇌피질은 학습하고, 기억하고, 추론하고, 언어를 구사하며, 생각하는 영역을 담당합니다. 인간을 인간답게 만드는 뇌입니다.[3] 뇌 과학이 발달하고 있지만, 우리가 뇌에 대해 아는 것은 매우 적습니다. 하지만 잘 살펴보면 이런 사실을 확인할 수 있습니다.

먼저 생긴 뇌, 그래서 더 원시적인 뇌라고도 할 수 있는 뇌간과 변연계는 단순하고 구체적이며 빠릅니다. 원초적인 생존을 위한 것이므로 동기도 강력하죠. 허기지면 먹고, 졸리면 자고, 흥분하면 싸우고, 무서우면 도망가고, 성욕이 생기면 번식하는 활동은 모두 즉각적인 반응이며 거짓이 없습니다.

반면 바깥쪽 뇌인 대뇌피질은 복잡하고 개념적이며 느립니다. 동기도 산만하고요. 하지만 이 뇌는 다른 뇌 전반에 강력한 영향력을 행사합니다. 원초적인 반응을 조절할 수 있는 것이죠. 대뇌피질은 자식을 양육하고, 유대감을 형성하며, 상호 의사소통을 하고, 협동하고, 사랑하는 능력이 발달해야 생존할 수 있다는 진화 과정의 부단한 압력으로 만들어졌습니다.[4] 단순한 생존 능력 위에 사고하고, 교감하고, 협동하고, 사랑하는 능력이 더해진 것입니다. 고차원적인 생존 방법이죠. 인간이 지구의 정복자가 된 것은 바로 이런 능력 때문입니다.

스트레스에 대해서도 이렇게 말할 수 있습니다. 고차원적인 반응이 필요하다고요. 자극에 대한 즉각적인 자동 반응, 즉 피하거나 싸우는 방법만이 아닌 이해하고, 용서하고, 사랑하는 반응 능력을 키우는 것이죠. 사실 스트레스는 외부의 자극만이 아니라, 자극에 대한 나의 반응을 의미하기도 합니다. 나의 스트레스인 것이죠. 외부에서 생기는 자극은 어찌할 수 없는 부분이 있지만, 그에 따른 나의 반응은 조절할 수 있습니다.

명상은 외부 자극에 따른 나의 반응을 조절하는 좋은 방법 중 하나입니다. 자극과 그에 따른 자동 반응의 고리를 끊어주도록 돕습니다. 불교에서는 세상만사를 고苦라고 보고, 고를 해결하기 위한 고도의 명상법을 발달시켰습니다. 고는 요즘 말로 스트레스입니다. 명상하는 고승의 뇌를 연구해봤더니, 대뇌피질, 특히 뇌의 전전두피질(이마 부위의 뇌피질)이 극적으로 활성화되었다고 합니다. 후대에 진화한 뇌가 우세해져 다른 뇌의 작용을 조절하는 것이죠. 티베트 불교 고승들은 툼모Tummo라는 명상법을 통해 심지어 체온도 임의로 조절한다고 합니다. 체온이나 심장근 같은 것은 우리가 의식적으로 조절할 수 있는 것이 아닌데도 말입니다.

6397

버스 이야기가 있습니다. 마음의 버스입니다. 한 정류장에서 아름다운 아가씨가 버스를 탑니다. 버스는 기분이 좋습니다. 달리는 바퀴도 가볍습니다. 다른 정류장에서 사나운 깡패가 탑니다. 기분이 나쁩니다. 버스를 세워 끌어내리고 싶습니다. 하지만 그럴 필요가 없습니다. 언젠가 목적지에서 스스로 내리니까요. 아가씨도 언젠가 목적지에서 내리기는 마찬가지입니다. 내가 원한다고 더 있지 않습니다. 버스가 좋아하거나 싫어할 일이 아닌 것이죠. 좋아하고 싫어하는 마음을 잠깐 멈추는 것은 반응 조절의 좋은 출발점이 됩니다.

당나귀 이야기도 해보겠습니다. 농부의 당나귀가 우물에 빠졌습니다. 당나귀는 애처롭게 울었고, 당나귀를 꺼낼 방법이 없었습니다. 농부는 생각했습니다. 당나귀는 어차피 늙었고 우물도 메워야 하니, 저 늙은 당나귀를 꺼내지 말고 마을 사람들과 우물을 메우자. 사람들은 삽으로 흙을 퍼붓기 시작했습니다. 당나귀는 무슨 일이 벌어지는지 알고 더욱 애처롭게 울었습니다. 하지만 곧 당나귀의 울음소리가 들리지 않았습니다. 흙을 꽤 많이 퍼부은 뒤 사람들은 삽을 잠시 놓고 우물 안을 들여다보았습니다. 그리고 눈앞에 벌어진 광경에 놀라고 말았습니다. 당나귀는 등으로 흙이 쏟아질 때마다 몸을 흔들어 흙을 떨어뜨린 뒤, 흙을 밟아 다지며 조금씩 올라서고 있었습니다. 사람들

은 흙을 계속 퍼부었고, 당나귀는 흙을 밟아 다지며 올라와 우물 밖으로 날쌔게 도망쳤습니다.[5]

인생을 살면서 등 위로 흙더미가 떨어지지 않기를 바랄 수는 없습니다. 그 대신 등에 떨어진 흙을 흔들어 떨어뜨리면서 밟고 올라서야겠죠. 그때 흙이라는 스트레스는 우리가 높이 올라설 수 있는 지반이 됩니다.

스트레스는 나의 반응에 따라 좋은 스승이 될 수도 있습니다. 그러니 좋다 싫다 하는 마음을 잠깐 멈추고, 감사하게 받아들여보세요.

# 기분 좋은 사람

*나는 생각했던 것보다 크고 나은 존재.*
*이제껏 몰랐네.*
*내가 가진 이 모든 좋은 점들을.*
*-월트 휘트먼, 「열린 길의 노래」 중에서*

기분氣分이라는 말이 있습니다. 기분이 좋다, 나쁘다 할 때의 기분입니다. 우리말에는 몸의 상태와 마음의 상태를 동시에 나타내는 것이 많습니다. 사촌이 땅을 사면 '배가 아프고' 겁에 질리면 '간이 콩알만 해집니다'. 사리에 안 맞고 줏대가 없을 때 '쓸개 빠졌다'는 이야기를 듣죠. 어깨가 처지거나 무거운 것도 마음 상태를 드러냅니다. 기분 역시 그런 말 중의 하나입니다.

기분은 기가 오장육부에 나뉘어 있다는 뜻입니다. 기가 오장육부에 잘 나뉘어 균형을 이룰 때 기분이 좋습니다. 그때는 건강합니다. 반대로 기가 잘 나뉘어 있지 않을 때 기분이 나쁩니다. 그때는 오장육부가 상하기도 합니다.

한의학에서는 우리의 칠정七情, 즉 기쁨, 노여움, 근심, 생각, 슬픔, 놀라움, 두려움이 각 장부와 연결되어 있다고 봅니다.

심장은 기쁨을 주관합니다. 심장이 발달한 사람은 잘 웃습니다. 웃는 것은 좋은 일입니다. 하지만 너무 기뻐하면 심장이 상합니다. 심장마비는 나쁜 일로 충격을 받은 때보다 좋은 일이 갑자기 생겨서 발병하는 때가 많다고 합니다. 좋아 죽는 것이죠.

간은 분노를 주관합니다. 분노하면 간이 상합니다. 화가 치밀 때 우리는 간의 기운을 씁니다. 분노에 사로잡히면 눈에 보이는 게 없죠. 간이 상하면서 눈도 나빠집니다. 간은 눈과 연결되는 장기입니다. 내가 내는 화는 남보다 먼저 나를 상하게 합니다.

폐는 슬픔을 주관합니다. 지나친 슬픔은 폐를 상하게 합니다. 폐는 가을의 기운입니다. 가을이 되면 만물이 떨어집니다. 하강의 기운이죠. 큰 슬픔을 만나면 털썩 주저앉습니다. 눈물은 아래로 흐르고요. 낙엽이 질 때는 우수에 잠길 수밖에 없습니다. 모두 폐의 기운을 쓰는 겁니다. 슬픈 시대의 예술가들은 폐병을 잘 앓았습니다.

비위는 생각을 주관합니다. 한의학에서는 생각도 감정의 하나로 보았습니다. 근심, 걱정, 생각이 많으면 비위가 상합니다. 반대로 비위가 좋으면 아이디어가 많고 친화력이 좋습니다. 현대인들에겐 신경성 위염이 많습니다. 잡념이 많고 근심과 걱정으로 비위가 약해진 탓입니다.

신장은 공포를 주관합니다. 사람이 공포에 질릴 때 신장의 기운을 씁니다. 아이가 공포에 질리면 오줌을 싸지요. 공포 앞에서 어른도 다리가 풀리며, 오줌을 지릴 때가 있습니다. 신장이 약하면 작은 두려움에도 중심을 잃습니다. 현대인들의 불안감은 신장 기운의 저하와도 관계가 있습니다.[6]

몸이 아파 기분이 나쁘기도 하고, 기분이 나빠 몸이 아프기도 합니다. 기분은 몸을 건강하게도, 상하게도 할 수 있습니다. 그래서 음식을 먹는 것처럼 마음도 잘 먹어야 건강합니다.

기분이 좋아지는 방법은 많겠지만, 아주 간단하면서도 효과적인 방법이 있습니다. 미소 짓는 것입니다. 웃음은 생명의 음악이라는 말이 있습니다. 너무 웃으면 심장이 상하니 그저 미소 짓는 것으로 좋습니다. 기분이 좋아서 미소 짓기도 하지만, 미소를 짓기만 해도 기분이 좋아집니다. 얼굴의 긴장을 푸는 유일한 방법이 미소 짓는 것이라고도 하지요.

미소를 지으면 뇌는 기분이 좋다고 인지하고, 그에 맞는 신호를 신체 각 기관에 보낸다고 합니다. 그래서 미소 짓는 것만으로 몸에 변화가 생깁니다. 웃는 얼굴에 침 못 뱉는다는 말이 있습니다. 정말 그렇습니다. 기분 좋은 사람은 곁에 다가가고 싶습니다. 미소를 지으세요. 몸이 변합니다. 나도 주변 사람도 기분이 좋아집니다.

# 타인의 행복

*위로받기보다는 위로하고 이해받기보다는 이해하며*
*사랑받기보다는 사랑하게 해주소서.*
*우리는 줌으로써 받고 용서함으로써 용서받으며*
*자기를 버리고 죽음으로써 영생을 얻기 때문입니다.*
*-프란치스코, 「평화를 구하는 기도」 중에서*

요즘 명상을 과학적으로 연구하는 사람이 많습니다. 신경과학자이자 심리학자인 위스콘신대학교의 리처드 데이비슨 교수도 그중 한 명입니다. 그는 연구를 통해 우울이나 분노 같은 부정적 감정을 느낄 때는 우측 전전두피질이, 열정이나 행복 같은 긍정적 감정을 느낄 때는 좌측 전전두피질이 높은 활동성을 보인다는 사실을 발견했습니다.[7] 그리고 명상을 하면 마음이 부정적 상태에서 긍정적 상태로 바뀌면서 좌측 전전두피질이 우측보다 활동성이 증가한다는 사실도 알아냈습니다.

데이비슨의 실험실에는 많은 명상 수행자가 다녀갔다고 전해집니다. 티베트 불교의 수행승들도 히말라야 산을 떠나 실험실로 향했죠. 티베트 승려들은 애초 실험에 참가하길 꺼렸다고 합니다. 이상한 실험실에 들어가 앉아 머리에 전극을 꽂고 명상할 이유가 없었겠죠. 명상 같은 내적 체험을 기계로 계량화한다는 것이 좀 우스꽝스럽기도 했을 것입니다. 하지만 호기심 많은 달라이 라마는 명상을 과학과 소통시키고 싶어 했습니다. 중생에게 널리 법을 전하고 싶었죠.

데이비슨의 실험에 참가한 티베트 승려들은 적게는 1만 시간에서 많게는 5만 시간 이상 명상을 한 분들이었습니다. 데이비슨은 이들을 명상 종목 올림픽 금메달리스트에 비유하기도 했습니다.

2001년 데이비슨의 실험실에 '행복한 게셰'라고 불리는 명상의 대가가 방문했습니다. 게셰는 티베트 불교에서 철학 박사에 해당하는 칭호라고 합니다. 그는 행복감의 광채가 몸에서 흘러넘쳐 누구라도 만나기만 하면 행복에 빠진다고 알려진 사람이었습니다.

그는 머리에 전극 256개를 꽂고, 실험자의 지시에 따라 마음을 여섯 가지 상태로 바꿔나갔습니다. 마음 전문가인 그는 자신이 원하는 대로 마음을 바꿀 수 있었죠. 연구 결과 여러 상태 중 특히 자비 명상

상태일 때 왼쪽 전전두엽이 99.7퍼센트 이상 활성화되었다고 합니다.[8] 좌측 전전두피질이 우측 전전두피질을 압도한 것이죠. 자비 명상은 모든 존재에게 조건 없는 무한한 자비심을 베푸는 명상입니다. 그는 타인에 대한 자비심으로 인해, 자기 자신도 99.7퍼센트 행복해졌다고 말할 수 있습니다.

티베트 불교 명상법 중에 '통렌Tonglen'이라는 것이 있습니다. 뛰어난 수행법으로 남 몰래 전해지던 것이라고 합니다. 이 명상법은 이렇습니다. 먼저 타인의 고통에 대해 떠올립니다. 질병, 우울, 회의, 불안, 공포, 상실 무엇이든 좋습니다. 구체적으로 이미지화해서 떠올려봅니다. 숨을 들이마시면서 그의 고통이 내게로 들어온다고 상상합니다. 그리고 숨을 내쉬면서 나의 좋은 것들을 그에게 보냅니다. 건강, 사랑, 행복……. 대상을 넓혀서도 합니다. 대상과 대상이 있는 장소에서 시작해 지역, 국가, 지구, 우주로 점점 확장해서 타자의 고통을 받아들이고 나의 좋은 것들을 전합니다. 맨 나중에는 모든 존재의 모든 고통을 받아들이고, 대신 건강과 행복과 사랑을 보냅니다.

통렌은 무한한 자비심을 키우는 명상입니다. 타자에게 측은한 마음을 내는 것에서 출발하지만, 타자와 나는 둘이 아닌 하나라는 인식이 저변에 깔려 있습니다. 나와 너는 하나이므로 너의 고통은 곧 내 고통인 것이죠. 타자를 위한 자비심은 곧 나를 위한 자비심이기도 합니다. 프란치스코 성인이 「평화를 구하는 기도」에서 말했듯이, 우리는 "줌으로써 받고, 용서함으로써 용서받으며, 자기를 버리고 죽음으로써 영생을 얻기 때문입니다."

이건 비범한 사람들이나 하는 큰일이라는 생각이 드시나요? 그렇다면 주변의 작은 것들을 위하는 마음부터 내보세요. 그리고 가만히 느껴보세요. 그것이 작은 일이라도 이타심이라는 사실에는 변함이 없습니다. 이타적인 마음과 행동은 타인뿐만 아니라 자신까지 치유합니다. 시기하고 미워하는 마음을 품으면 자신부터 불행해집니다. 그러니 행복하고 싶다면, 타인의 행복을 먼저 원해보세요.

# 하늘 처럼

*너의 사랑으로 온 우주 삼라만상을 가득 채워라.*
*온 우주 삼라만상의 슬픔을 너의 슬픔으로 느껴라.*
*온 우주 삼라만상의 기쁨을 너의 기쁨으로 느껴라.*
*-부처*

세상에는 참 많은 명상법이 있습니다. 주로 종교적인 전통에서 나온 것이 많습니다. 종교색을 없애고 현대인들에게 맞게 실용적으로 개발한 것도 있습니다. 심리학과 뇌 과학, 심신 의학 등 최신 학문을 바탕으로 프로그램을 만들어 환자들을 위한 심신 치료법으로 활용하기도 하죠.

명상법의 전통은 다양하고 방법도 천차만별이지만, 참된 명상이 지향하는 목표는 하나라고 보입니다. 무념무상 상태로 고요히 쉬는 가운데 본래 마음을 회복하고, 지금 여기에서 지혜와 사랑을 누리라고 권한다는 점입니다.

종교에 따라 본래 마음을 불성이라 부를 수도 있고, 하나님을 닮은 영성이라 부를 수도 있습니다. 진아 또는 참나라고 부르기도 합니다. 무엇이라 부르든 명상을 통해 참으로 쉬고 본래 마음을 회복한 사람은 지혜롭고 자비롭습니다.

본래 마음을 회복한 이들에게는 '나'가 없는 자리에 맑고 푸르고 한없이 넓은 하늘이 들어와 있습니다. 하늘마음이죠. 이 마음은 크고 자유롭습니다. 누가 뭐라고 시비하든 하늘에 떠있는 작은 구름 한 점에 불과합니다. 누가 나를 칭찬하고 추켜세워도 마찬가지입니다. 그것 역시 작은 새털구름 한 점입니다. 마음이 동요하지 않습니다. 이 마음은 세상을 피해 깊은 산속으로 도피하지 않습니다. 현실 속에서 지혜롭게 살아가죠. 산, 도시, 바다 어디에나 있는 하늘처럼, 이 마음으로 살아가는 사람은 언제 어디에서나 한결같습니다.

세상에 불의가 있다면, 그에 항거하는 일도 답답하고 괴롭지 않습니다. 상대를 환하게 보고, 가슴에 깊이 품으면서, 사랑으로 엄중히 나무랍니다. 상대를 죽이는 살의의 화살이 아니라 상대를 살리는 꾸중입니다. 부끄럽게 할 뿐 분노하게 만들지 않습니다. 바닥에 떨어진 공이 다시 튀어 오르듯, 본래 마음을 다시 가슴 뛰도록 만들죠.

명상 수업 중에 있었던 이야기입니다. 심하게 다툰 두 학생이 앞으로 불려 나왔습니다. 선생님은 두 학생에게 벌로 밀어내기 시합을 시켰습니다. 마주 보고 서서 상대방을 밀어 넘어뜨리면 이기는 게임입니다. 두 학생은 힘을 주어 상대를 밀었습니다. 막 다툰 터라 감정이 실렸습니다. 몇 번 밀고 당기다가 한 학생이 밀려 넘어졌습니다. 표정이 좋지 않았습니다. 이긴 쪽도 마찬가지였습니다. 이번에는 선생님이 이긴 학생과 시합을 했습니다. 학생은 선생님을 밀어내려고 힘껏 손을 뻗었습니다. 하지만 순간적으로 선생님은 학생을 끌어안아버렸습니다. 밀어내던 학생은 선생님의 품에 안겼습니다. 학생은 부끄러운 미소를 지었습니다. 따뜻한 품에 안기면서 기분 나쁜 사람은 없습니다. 비록 지더라도 말이죠.

남에게 상처 주고, 참으로 기쁘고 행복할 수는 없습니다. 상대를 부정하면 나도 부정당합니다. 상대를 긍정하면 나도 긍정적으로 수용되죠. 상대를 긍정하고 끌어안을 때만 하나에 이를 수 있습니다. 부정으로는 해결할 수 없는 일을 긍정은 해결합니다. 이것은 옳기보다 행복하기를 선택하는 것입니다. 하나에 이르는 길이죠. 이 길이 결국은 바르게 가는 길입니다.

우리는 사고를 키우고 감정을 표현하는 교육에 익숙합니다. 지식을 쌓고 기억해서 활용하는 교육을 받습니다. 가정에서, 학교에서, 직장에서 받습니다. 명상은 사고력을 정교하게 하는 행위가 아니며, 감정을 멋지게 표현하는 행위도 아닙니다. 생각과 감정에서 벗어나 그것을 있는 그대로 바라보는 훈련입니다. 명상하는 사람은 생각과 감정의 바깥에 있죠. 생각과 감정은 하늘마음에 떠 있는 구름 한 점과 다를 바가 없습니다.

생각과 감정이 나보다 크다면, 이를 가만히 보는 일은 매우 어렵습니다. 생각과 감정에 끌려갑니다. 내가 작으면 대상을 품을 수 없습니다. 그래서 진정한 사랑은 내가 작을 때는 이루어지지 않습니다. 내가 대상보다 더 커질 때 왜곡된 집착에서 벗어나 그 대상을 깊이 품을 수 있습니다. 싸움의 기술도 마찬가지입니다. 내가 작고 위축되어서는 상대를 이길 수 없습니다. 싸우기 전에 이미 집니다. 내가 크고 담대하면 싸우지 않고도 이깁니다.

나는 생각과 감정보다 큰 존재입니다. 마음이 하늘만큼 크다면, 생각과 감정은 나타났다 사라지기를 반복하면서 구름이 걷히듯 사라집니다. 내가 생각하고 느끼는 것이 나의 상황과 세상과의 관계를 풀어주는 것이 아니라 오히려 방해할 때가 많습니다. 과거는 지나갔고, 미래는 오지 않았으며, 우리에게는 늘 현재만 있다고 말합니다. 그게 사실입니다. 과거의 기억에 얽매여서, 미래에 대한 불안과 걱정에 사로잡혀서, 우리에게 유일한 이 순간이라는 시간을 허비합니다.

명상은 이 순간을 살아도 충분하다는 사실을 깨닫게 해줍니다. 생각과 감정에 휘둘리지 않고, 지금 이 순간을 온전히 살아가는 일의 신비를 느끼게 하죠. 매순간에는 그런 깊이가 있습니다.

지혜와 사랑은 둘이 아닌 하나입니다. 지혜롭지 못하면 사랑할 수 없습니다. 사랑이 없으면 아직 무명에 빠져 있는 것입니다. 참으로 지혜로운 사람은 자비롭습니다. 참으로 사랑하는 사람은 지혜롭습니다. 하늘 같은 마음이 바로 그렇습니다.

©표정

ⓒ표정

# 뇌는 변한다

*우리가 깊이 사랑하는 모든 것은*
*언젠가 마침내*
*우리 자신의 한 부분이 된다.*
*—헬렌 켈러*

뇌의 신경가소성이란 개념이 있습니다. 우리의 경험에 따라 뇌의 신경 회로가 변한다는 것입니다. 성인의 뇌는 무게가 약 1.4킬로그램, 크기는 주먹만 합니다. 이 뇌 안에 자그마치 1천억 개에서 1조 개의, 뉴런이라 불리는 세포들의 덩어리가 있습니다.[9] 우리가 새로운 것을 학습하면 뉴런 사이에 회로가 연결됩니다.

예를 들어 아이가 엄마의 얼굴을 보고 엄마라는 대상에 대해 뉴런의 회로를 형성하면, 매번 새로 회로를 만들지 않아도 엄마를 기억하게 되는 겁니다. 형성된 회로는 질병이나 사고로 파괴되기도 합니다. 이는 기억 상실이나 기억 장애를 일으킵니다. 뇌세포가 죽어서 뇌 회로가 퇴화하면 치매가 생기기도 하죠.

1906년 노벨 의학상을 받은 스페인의 신경해부학자 산티아고 카할은 뇌를 포함한 신경 세포는 유년 시절 일단 형성되고 나면 구조가 영원히 변할 수 없다고 주장했습니다. 이는 정설로 받아들여졌습니다. 신경과학자들은 뇌의 물리적 상태가 마음의 상태를 일으키지, 마음이 물질에 영향을 줄 수 없다고 생각했습니다. 하지만 새로운 실험 결과는 생각과 태도와 행동을 바꾸어서 뇌를 변화시킬 수 있다는 것이었습니다. 뇌는 변화하는 기관이며, 마음의 변화에 따라 뇌 구조에 변화가 일어난다는 것은 매우 흥미로운 일입니다.[10]

하버드대학교 신경과학자들이 피아노 실험을 했습니다. 실험에 참여한 사람들의 일부는 매일 피아노 연습을 했고, 다른 참가자들은 마음속으로 손가락만 움직여 피아노 치는 것을 상상했습니다. 일주일 후, 피아노를 연습한 사람들의 뇌를 검사해보니 손가락 동작을 관장하는 뇌의 운동 피질이 커져 있었습니다. 놀라운 점은 피아노 치는 것을 상상만 한 사람들의 뇌에서도 동일하게 운동 피질이 증가했다는 사실입니다. 상상만으로 뇌에 실질적인 변화가 일어났습니다.[11]

마음속에서 일어나는 일도 실재입니다. 일체유심조一切唯心造라는 말이 있습니다. 모든 것은 마음이 만든다는 뜻입니다. 모든 것은 마음먹기에 따른다는 뜻도 됩니다. 특정한 심리 훈련을 하면 특정한 기능을 담당하는 뇌의 부위가 발달할 수 있습니다. 뇌가 변하는 것이죠. 그리고 뇌를 변화시키는 힘은 마음입니다. 과학적인 실험 결과는 마음의 힘을 증명하고 있습니다.

아프리카의 어느 부족은 아이의 생일을 아이가 태어난 날이 아니라, 마음속에 아이가 처음 떠오른 날로 정한다고 합니다. 세상에 나오기 전에 아이는 이미 마음속에서 태어난 것이죠. 마음속 아이를 실체로 받아들인다면 아무렇게나 마음먹지 못합니다.

우리 마음속에는 내면의 아이가 있습니다. 어린 시절 기억의 파편들이 만든 아이입니다. 뇌가 가장 예민하던 시절에 만들어진 하나의 신경 회로 시스템이라고 볼 수 있습니다. 대개 상처받은 아이이며 아주 깊은 곳에 숨어 있습니다.

과거의 아이일 뿐만 아니라 현재의 나에게 지속적이고 강력한 영향을 미치는 아이이기도 합니다. 내면의 아이는 자신을 부끄럽게 여기거나, 비판하고 억압하고 다그치고 화를 내면 더욱 비뚤어집니다. 부정적인 방향으로 현재의 나에게 강력한 영향을 미치죠.[12]

내면의 아이를 감싸 안고 두려움 없이 바깥으로 나올 수 있도록 도와주세요. 울고 보채고 겁먹고 화난 아이의 얼굴을 있는 그대로 드러낼 수 있도록 도와주는 것이죠. 그러면 이 아이가 거꾸로 현재의 나를 강력하게 지지하고 보살피며 아껴줄 것입니다. 나를 가장 사랑하는 사람은 바로 나입니다. 상처받은 아이가 행복한 아이로 살아갈 수 있도록 만드는 힘은 결국 사랑입니다. 뇌는 변합니다.

ⓒ표정

# 큰 나로 살아가기

*저게 저절로 붉어질 리는 없다*
*저 안에 태풍 몇 개*
*저 안에 천둥 몇 개*
*저 안에 벼락 몇 개*
*—장석주, 「대추 한 알」 중에서*

개체 발생이 계통 발생을 반복한다는 '오파린의 가설'이 있습니다. 알렉산드르 오파린은 러시아의 생물학자인데, 한 개체가 태어나고 자라는 과정 속에는 그 개체의 종種이 이 세상에 처음 발생해 진화하는 과정이 모두 담겨 있다고 주장했습니다. 예를 들어 엄마에게 태아가 생기고 자라나 아기로 태어나는 과정 속에는 인류가 처음 세상에 생겨 진화해온 과정이 담겨 있다는 이야기입니다. 고등학교 생물 시간에 선생님께 이 가설을 듣고 정말 신비로웠습니다. 생물학자가 되어

이 가설을 과학적으로 증명해봐야겠다고 결심까지 했습니다.

가설의 진위 여부는 잘 모르겠습니다. 그런데 생물학적으로만 그런 게 아니라 의식도 마찬가지 아닐까 하는 생각이 듭니다. 우리가 알지 못하는 의식 저 아래에는 인간이 지구에 태어나서 진화해오는 동안 축적한 모든 의식과 경험이 저장되어 있을 거라는 느낌. 우리는 '나'라는 실체가 느끼고 판단하고 행동한다고 생각하지만, 사실 '나'라는 것은 거대한 바다에 한순간 일어난 작은 파문에 불과할지도 모릅니다. 우리는 모르는 사이에 바다 전체로 느끼고 판단하고 행동하는 것은 아닐까요? 자각하지 못할 뿐이죠. '나'를 바로 세우는 일도 필요할 테지만 어쩌면 그보다 중요한 일은 비좁고 어리석고 이기적인 나를 넘어 전체를 보고, 전체로 명료하게 살아가는 일입니다. 내가 더 커지는 거죠. 더 큰 나로 살아가는 것입니다.

우리라는 전체는 바다처럼 하나로 연결되어 있습니다. 그래서 한 사람의 자각이 전체를 고양합니다. 한 사람의 지혜와 사랑이 주변 전체를 성숙하게 합니다. 고대 인도의 고타마 싯다르타가 고양한 당대의 사회를 상상해봅니다. 예수의 말씀과 손길과 눈길이 고양했을 사람들의 마음을 느껴봅니다. 공자가 꽃피웠던 인간적 통찰의 향기를 음미합니다. 현인들이 고양한 의식. 우리는 여전히 그들의 말씀 안에 있습니다. 그들의 거대한 어깨 위에 올라서서 세상을 보고 있습니다. 어둠에서 빛으로 우리는 함께 진화해갑니다. 마음의 키를 키우며 하늘에 다가갑니다. 깊은 자각을 통해서 말이죠.

# 놓아버릴 때

*우주가 마음대로 되는 것이었다면*
*산산이 부숴버렸을 것을.*
*무엇이든 마음대로 할 수 있는 우주를*
*새로이 만들어 보았을 것을.*
*-오마르 하이얌*

11세기 페르시아에서 살았던 시인 오마르 하이얌은 세상은 마음대로 할 수 없으며, 운명에 따라 살아야 한다고 생각했습니다. 거기에서 그는 지혜를 얻기도 했고, 깊은 슬픔도 느꼈습니다. 인간의 숙명을 늘 대면한 시인은 나무 그늘 아래에서 한 병의 포도주와 한 조각의 빵, 사랑하는 여인을 품고 살아가는 것을 찬미했습니다. 마음대로 할 수 없고, 언젠가 허무하게 죽어야 할 인생이라면 지금 즐기자는 조금은 자포자기적인 생각에서였습니다.

사람에게는 누구나 자기 마음대로 살아보고 싶다는 욕망이 있습니다. 우주가 내 마음대로 되는 것이었다면 부숴버리고 새롭게 만들어보고 싶은 욕망.

벤저민 리벳이라는 신경생리학자가 있습니다. 그는 뇌파 실험을 통해 뭔가 하겠다는 의식적인 의지보다 두뇌 활동이 먼저 일어난다는 사실을 발견했습니다. 움직이려는 의지는 실제 동작이 시작되기 5분의 1초 전에 일어나지만, 뇌파는 의지보다 3분의 1초 먼저 일어난 것입니다.

이는 우리의 선택은 의식 차원에서 합리적으로 이루어지는 것이 아니라는 것을 시사합니다.[13] 무의식이 먼저 움직이고, 의지는 무의식에 뒤이어 그 선택이 의지의 힘인 척 판단하고 행동한다는 것입니다.

우리는 매초 수백만 비트의 정보를 감각 기관을 통해 얻지만, 의식이 처리할 수 있는 것은 초당 40비트 정도의 정보에 지나지 않는다고 합니다.[14] 나머지 정보는 어디로 가는 것일까요? 무의식에 저장될까요? 그것도 우리가 얻는 정보만 그렇습니다. 감각 기관을 통해서 인식할 수 없는 정보는 가늠할 수조차 없습니다. 우리 눈으로 보지 못하고, 귀로 듣지 못하고, 코로 냄새 맡지 못하는 것이 얼마나 많은지 상상해본다면, 우리가 안다는 것은 어쩌면 착각이고 오만입니다. 때로는 그냥 맡겨버리는 것이 현명합니다.

그리스 비극과 희극 강의를 들은 적이 있습니다. 그리스 비극의 주인공들은 문제적 인간입니다. 신이 주는 운명을 거역하거나 깨닫지 못하고 영웅적인 행동을 합니다. 하지만 그들 모두는 결국 신의 섭리에 따라 비극적인 운명을 맞이합니다. 그리스인은 인간이 세상을 통제하고 지배하지 못한다는 사실을 잘 알았습니다. 그런 교훈을 되새기기 위해 비극을 만들어 신에게 바쳤습니다.

그런데 그들은 희극도 만들어 즐겼습니다. 비극과 비극 사이에 막간극으로 희극을 끼워넣은 것이죠. 비극의 주인공과 상황을 우스꽝스러운 배우들이 등장해 풍자합니다. 비극적 상황을 카타르시스를 통해 정화하는 것이 비극이라면, 희극은 심리적 거리를 두고 상황을 재연해서 세상사의 아이러니를 전합니다. 비극을 비극으로 받아들이지 않고 거리를 두고 즐깁니다. 비극과 희극은 동전의 양면입니다.

비극은 숭고하고 희극은 저속합니다. 그래서 희극은 열등한 장르로 평가받았습니다. 하지만 희극에는 현명한 포기의 미덕이 있습니다. 희극적인 삶의 태도는 어쩌면 그냥 놓아버리는 것이 아닐까 싶습니다. 움켜쥐고 있는 것을 놓아버릴 때 여유가 생깁니다. 여유는 위트나 유머, 풍자를 허락하지요. 신이 부여한 질서를 받아들이되 가벼워지는 법, 현명한 포기의 지혜입니다.

조금 덜 심각해지는 것이 필요합니다. 심각한 마음을 내려놓고 상황을 내버려두는 것이 때로는 상황을 장악하는 방법이 되기도 합니다. 우리가 놓아버리고 내맡긴다면 삶은 훨씬 쉬워질 것입니다. 그러니 너무 힘들 때는 그냥 맡겨버리고 흘러가보세요. 배짱 좋게 탁 놓아버리는 것입니다. 내 뜻대로 되지 않더라도 그것이 언젠가 내게 필요한 일이었다고 받아들여도 좋습니다.

오마르 하이얌의 시는 많은 사랑을 받았습니다. 인간의 숙명을 상기해 겸허한 마음을 품게도 했고, 이 순간을 즐기자는 방탕한 마음의 자유를 선사하기도 했죠. 그런데 우리 마음대로라는 것이 도대체 무엇일까요? 내 마음대로 하고 싶은데, 정작 그 마음을 잘 모르겠습니다. 시인은 어떤 우주를 만들고 싶었을까요?

# 나는 완전하다

*꽃씨 속에는 빠알가니 꽃도 피어 있고,*
*꽃씨 속에는 노오란 나비 떼도 숨어 있다.*
*–최계락, 「꽃씨」 중에서*

마음을 쉰다는 것은 마음을 멈추는 일이라 했습니다. 마음을 멈춘다는 것은 들고나는 숨과 함께 마음을 안정시키고, 피었다 사라지는 마음을 가만히 지켜보는 일입니다. 그렇게 지켜보면 마음이 고요하고 편안해집니다. 하지만 이는 쉬운 일이 아닙니다. 미국의 저명한 수행자 잭 콘필드는 작은 도화지 위에 강아지를 올려놓는 일에 비유했습니다. 가만히 올려놓으면 도망가고, 올려놓으면 또 쪼르르 달아납니다. 강아지를 길들이는 데 야단치고 화내는 것은 부질없습니다. 마찬가지로 '나는 안 돼'라는 판단을 내리면서 자신을 비난하는 것도 도움이 되지 않습니다. 다만 부드럽게 도화지 위에 다시 올려놓는 것이 가장 좋은 방법입니다. 일상의 반복은 기적을 낳기도 합니다. 강아지도 언젠가 길들여질 것입니다.

하지만 이렇게 말해도 여전히 명상은 간단하지 않은 일입니다. 수많은 수련을 통과해도 여전히 미숙하고 어려워 중도 포기하는 수행자가 많습니다. 어쩌면 무념무상 상태에서 고요히 쉬는 일은 무언가를 끊임없이 생각하고 느끼고 행동하는 일보다 어렵습니다. 그런데 이 일을 좀더 쉽게 해주는 길이 있습니다. 수십 년을 노력해서 도달할 수 있는 어떤 경지를 상정하고 그곳에 닿기 위해 애쓰는 게 아니라, 지금 이 순간 나는 이미 완전하다고 실감해보는 것입니다. 나는 불완전하지만 언젠가 좋아질 거라는 마음이 아니라, 나는 이미 완전하다는 마음에서 출발하는 것이죠.

산을 힘들게 올라가는 방법이 아니라, 산 정상에서 넓은 시야로 굽어보며 가벼운 걸음으로 내려오는 방법입니다. 이렇게 출발하면, 이 위치에 서면 시작부터 달라집니다. 그리고 실제로도 우리는 지금 이 순간, 이대로, 이미 완전합니다. 우리 안에는 부처가 있고, 하나님을 닮은 영성이 있고, 참나가 있고, 하늘마음이 있기 때문입니다. 순수한 빛을 아직 드러내지 못할 뿐입니다.

나는 완전하다고 실감하면 나를 괴롭히는 생각과 감정이 아주 작게 보입니다. 생각과 감정이 모두 사라지지는 않지만, 그것들에 쉽게 끌려가지 않습니다. 생각과 감정을 나와 분리할 수 있는 것이죠. 나는 생각과 감정보다 큰 존재입니다. 다 이루었다, 더 바랄 것이 없다는 느긋한 기분에 젖어, 숨을 고르게 하고, 생각과 감정은 올라오는 대로 내버려둔 채, 고요히 더 고요히 쉬는 일. 그렇게 내게 있는 본래 마음에 다가갑니다.

여기서 한 걸음 더 내디뎌, 나뿐 아니라 남들도 나처럼 완전하다고 실감하면 더 좋습니다. 나를 괴롭힌 사람이거나, 내가 사랑하는 사람이거나 상관없습니다. 그 사람의 본래 마음, 환하고 밝은 마음을 떠올리면서 명상해보세요. 그 사람의 어머니가 된 것처럼요. 그러면 더 큰 행복을 느낄 수 있습니다. 마음공부도 진전이 더 빠릅니다.

하지만 여기가 끝이 아닙니다. 한걸음 더 나아갈 수도 있습니다. 나는 완전하다, 그리고 당신도 완전하다고 실감하는 것과는 좀 다른, 더 기분 좋은 방법입니다. 나보다 먼저 당신이 본래 모습으로 완전해지길 바라는 마음을 품는 것입니다. 나보다 당신이 먼저 행복하고, 나보다 당신이 먼저 고요히 쉬길 바라는 마음. 내 행복보다 당신의 행복이 더 크기를 바라는 마음. 남을 위하는 이런 마음은 나부터 행복하게 만듭니다. 이 행복 속에 고요히 쉬는 것이 명상입니다. 이런 마음으로 연습하면 결코 쉽지 않은 명상을 좀더 편안하고 행복한 마음으로 해낼 수 있습니다.

# '되기'보다 '살기'

*좋은 일과 나쁜 일이 따로 없다.*
*모든 것은 오직*
*자신의 생각이 만들어낸 것이다.*
*-셰익스피어*

우리 뇌는 상상하는 것과 현실을 구분하지 못한다고 합니다. 상상을 실감하면 뇌는 그걸 현실로 받아들이고 그에 맞는 신호를 우리 신체에 보냅니다. 달콤한 사과를 깨무는 상상만 해도 입에 침이 고이는 것과 같은 원리입니다. 우리 뇌는 사과를 깨문다고 인식하고 신호를 보내 침이 고이게 합니다. 실제 이런 마인드 트레이닝은 많은 분야에서 활용되고 있습니다.

대한민국 양궁은 세계 최고 수준입니다. 많은 나라에서 우리 양궁을 배우러 찾아옵니다. 국가 대표 양궁 선수들은 마인드 트레이닝을 받습니다. 눈을 감고 경기장을 아주 세밀하게 상상합니다. 시합하는 날의 날씨, 관중들의 야유, 바람의 세기, 먼지와 땀, 화살과 과녁의 거리, 심판의 손짓, 시위를 당기는 손과 팔과 어깨의 긴장, 숨소리와 심장 박동 소리, 그리고 무엇보다 화살이 과녁의 정중앙을 맞히는 순간을 상상합니다. 현실과 똑같이 상상하는 훈련을 합니다. 맞히지 못하면 어쩌나 불안해하거나 걱정하지 않고, 맞힌다, 이미 맞혔다는 이미지 트레이닝을 하는 것입니다. 상상 연습을 실전처럼 하는 것이죠. 그런 상상은 아주 즐겁습니다. 그리고 우리 몸은 그걸 기억하고 있다가 실전에서 그대로 합니다. 마음이 흔들리지만 않으면 상상하는 대로 이루어질 가능성이 높습니다.

이것은 '되기'보다 '살기'의 자리에 서는 일입니다. 무엇이 되기 위해 지금 여기의 삶을 산다는 것은 고단합니다. 끝없는 유예의 삶이죠. 그것보다는 '나는 이미 무엇이다'고 마음먹고, 그 무엇으로 지금 당장 살아가는 것이 좋습니다.

한 소설가는 소설 쓰기의 비법으로, 소설을 써서 소설가가 되겠다는 마음으로 글을 쓰기보다 '나는 이미 소설가'라는 마음으로 글을 쓰길 권합니다. 소설가가 되겠다는 마음으로 글을 쓰는 것과 소설가로서 글을 쓰는 것은 차이가 있습니다. 서 있는 위치부터 달라지고 그에 따라 보는 관점에도 차이가 있습니다. 마음도 더 여유 있고 가벼울 테고요.

'나도 노력하면 거기로 갈 수 있다'가 아니라, '나는 이미 거기에 가 있다'고 상상하는 것은 매우 즐거운 일입니다. 그런 상상 속에 젖어 행복하게 일을 하면 스트레스 받을 일도 적어집니다. 우리 몸은 긴장하면 창의적인 일에 관여하는 뇌의 활동이 줄어듭니다. 시험 볼 때 너무 긴장하면 제 실력을 발휘하지 못하는 것도 그런 이유입니다. 반대로 몸과 마음이 행복하고 평화로운 상태에 있을 때는 창의력과 문제 해결 능력도 배가됩니다.

만약 상상하는 대로 만들어진다면, 여러분은 어떤 상상을 하겠습니까? 이 이야기를 읽은 다음, 정해보시기 바랍니다.

한 체로키 인디언 노인이 손자에게 말했습니다.

"마음속에는 늘 싸움이 일어난단다. 그 싸움은 마치 두 마리 사나운 늑대가 싸우는 것과 같지. 한 마리는 화, 질투, 슬픔, 자만, 거짓, 허영을 먹고 자란단다. 다른 한 마리는 기쁨, 평화, 사랑, 희망, 친절을 먹고 자라지. 이 싸움은 네 안에서 일어나고, 모든 사람의 마음에서도 일어난단다."

손자가 물었습니다.

"어떤 늑대가 이겨요?"

노인이 답했습니다.

"네가 먹이를 주는 놈이 이기지."

# 피가 도는 희망

*세계는 산이요,*
*우리의 모든 행동은*
*메아리로 돌아오는 외침이다.*
*-루미*

심신 의학이라는 게 있습니다. 마음이 지닌 치료의 힘을 연구하는 의학의 한 분야입니다. 마음의 병이 신체적 질병으로 드러나는 경우가 있습니다. 마음의 힘을 이용하는 심상 치료는 이런 심인성心因性 질환에 특히 효과가 있다고 합니다. 현대 의학으로 가장 치료하기 어렵다는 암을 심인성 질환으로 보기도 하는데, 실제로 스트레스가 암의 주원인입니다.

한 암 전문의는 암이 발병하기 2~3년 전에 감당하기 힘든 큰일을 겪는 경우가 많다고 말합니다. 엄청난 스트레스가 면역력을 떨어뜨려 암이 성장할 수 있는 환경을 만드는 것이죠. 거기다 수만 년 동안 자연의 리듬으로 살아오던 방식을 따르지 않고, 문명화된 도시에서 우리 몸의 유전 정보와는 다른 형태로 살아가면서 암 같은 변종이 발생하는 것이기도 하고요.

심신 의학적 치료를 받는 암 환자는 완전히 이완된 상태에서 암세포가 줄어들거나 없어진다는 상상을 합니다. 상상만으로 통증이 완화되고, 때에 따라 기적처럼 낫기도 합니다. 심상 치료는 암 치료의 보조 요법으로 많이 활용되고 있습니다. 만성 통증, 고혈압, 자가 면역 질환, 소화기 장애 등의 치료에도 활용되고요. 여기서 한 가지. 심상 치료에서 중요한 것은 100퍼센트의 긍정입니다. 자신의 믿음이 스스로를 낫게 하는 원리죠.

티베트 의학에서는 13세기부터 이미 심상 치료를 각종 질병 치료에 사용해왔다고 합니다. 우리 뇌는 상상하는 것과 실재를 구분하지 못한다고 했습니다. 그런데 우리는 이 사실을 직관적으로 알고 있는 것 같습니다. 멀리 티베트까지 가지 않아도, 우리 어머니들은 "엄마 손은 약손" 하며 자식의 아픈 배를 만졌습니다. 엄마 손을 약손으로 100퍼센트 받아들인 순한 아이는 배를 다스릴 수 있었고, 진짜 약을 먹어야 낫는다고 생각한 아이는 엄마 손이 무거워 배가 더 아팠을 것입니다.

저는 배를 자주 앓았습니다. 그런데 엄마가 만져주시면 이상하게 아픈 배가 나았습니다. 엄마는 배를 주물러주시고, 쓰다듬어주시고, "우리 새끼" 하며 배와는 아무 상관없는 뺨을 쓰다듬기도 하셨습니다. 엄마의 약손에는 원초적인 사랑이 담겨 있었고, 저는 엄마를 믿었습니다.

플라세보 효과는 의학계에 잘 알려져 있습니다. 플라세보placebo는 즐겁게 하다pleased라는 뜻을 지닌 라틴어 동사입니다. 플라세보 효과는 특별한 의학적 처치 없이 마음을 위로하고 확신을 주는 것으로 병이 낫는 현상을 말하죠. 일명 가짜 약 효과입니다. 뼈가 부러지거나, 살이 찢어지거나, 세균 감염으로 병이 생긴 것이라면 의사가 낫는다고 심리적 확신을 주는 것만으로는 좋아지지 않습니다. 약을 먹거나 수술을 받아야겠죠. 하지만 실제로 병원을 찾는 환자 중에 75퍼센트는 특정한 처방 없이도 나을 수 있다고 합니다. 심인성 질환이죠. 마음이 병을 만든 것입니다.

하버드 의대 심신의학연구소 소장 허버트 벤슨 박사는 심신 치료가 특별한 의학적 치료에 반응하지 않는, 75퍼센트에 이르는 환자들의 치료에 중요한 역할을 한다고 말합니다. 암을 극복한 사람들에게는 뚜렷한 공통점이 하나 있습니다. 바로 낫는다는 확신입니다. 치료된다는 강력한 믿음에는 실제로 치료 효과가 있습니다. 마음이 몸을 치료합니다. 한의학에서 말하는 이심치병以心治病입니다.

미국 펜실베이니아대학교 긍정심리학센터 마틴 셀리그먼 박사는 쥐 300마리로 실험을 했습니다. 먼저 쥐를 A, B, C 세 그룹으로 100마리씩 나눈 뒤 암세포를 주입했습니다. A그룹의 쥐들에게는 전기 충격을 계속 주었습니다. 이 쥐들은 도망갈 장소가 없었으며, 전기 충격이 멈추지도 않았습니다. 이 쥐들에게는 전기 충격을 극복할 희망이 없었습니다. B그룹의 쥐들에게도 동일한 전기 충격을 주었지만 도망갈 장소를 만들어주었습니다. 이 쥐들은 마음만 먹으면 전기 충격에서 벗어날 수 있는 기회가 있었습니다. C그룹의 쥐들에게는 전기 충격을 전혀 주지 않았습니다. 그리고 암세포가 어떻게 진행되는지 경과를 관찰했습니다. 3개월이 지났습니다. 어떤 그룹의 쥐들이 가장 암 발병이 많고, 어떤 그룹의 쥐들이 가장 암 발병이 적었을까요?

A그룹에서는 73퍼센트의 쥐에서 암이 발생했습니다. 당연한 결과입니다. 스트레스 상황이 지속되었고 벗어날 수 있는 방법이 없었으니까요. 다음으로 암 발병이 많았던 그룹은 C그룹이었습니다. C그룹에서는 50퍼센트의 쥐가 암에 걸렸습니다. 이들에게는 전기 충격이

전혀 없었습니다. 스트레스 상황 자체가 없는 쥐들이었습니다. A그룹과 C그룹을 비교하면 스트레스나 고통이 있는 것보다는 없는 것이 좋다고 볼 수 있습니다. B그룹에서는 30퍼센트의 쥐가 암에 걸렸습니다. 이 쥐들에게는 스트레스나 고통이 있었지만, 벗어날 수 있다는 희망도 있었습니다. 그래서 암 발병이 가장 적었습니다. B그룹과 C그룹을 비교해보면 스트레스가 없는 것보다, 있더라도 벗어날 수 있다는 희망이 있을 때 건강할 수 있습니다.[15] 희망은 가슴을 뛰게 합니다. 피가 돌도록 만들죠. 그것이 치유의 힘입니다.

# 말에는 힘이 있다

*미안합니다.*
*용서하세요.*
*감사합니다.*
*사랑합니다.*
*–호오포노포노 치유의 말*

말에는 힘이 있습니다. 말의 힘을 보여주는 재미있는 실험 결과가 있습니다. 에모토 마사루라는 일본의 과학자가 특수 카메라로 물 결정체의 사진을 찍었습니다. 그런데 이 결정체는 어떤 말을 전하느냐에 따라 모습이 달랐다고 합니다. 어떤 물에는 사랑과 감사의 말을 들려주고(그런 마음을 보내주고), 어떤 물에는 미움과 저주의 말을 들려주었습니다(그런 마음을 보내주었습니다). 그랬더니 사랑과 감사의 말을 들려준 물은 황금빛으로 빛나는 정육각형 결정체를 보였고, 미움과 저주의 말을 들려준 물은 어두운 빛을 띠며 깨지고 망가진 모습을 보였습니다.

우리 몸은 70퍼센트가량이 물로 구성되어 있습니다. 이 물이 황금빛으로 아름답게 빛날 때 몸이 건강해지고, 우리의 정신과 마음도 아름다운 빛이 납니다. 말 한마디로 그렇게 될 수도 있다는 사실이 놀랍습니다. 이 실험 결과를 꼭 믿지 않더라도, 말 한마디로 천냥 빚을 갚는다는 속담처럼 좋은 말이 좋은 결과를 낳는 경험을 합니다.

폭력은 사소한 말 한마디 때문에 생기는 경우가 많습니다. 하나의 폭력은 다른 폭력을 낳으며 몸집을 키웁니다. 에모토 마사루의 연구에 따르면, 물은 "사랑합니다, 감사합니다"라는 말을 들려줄 때 황금빛으로 가장 아름답게 빛난다고 합니다. 이 말만 자주 해도 나를 사랑하고 고마워하는 사람이 많이 생깁니다. 그보다 먼저 내가 내 말로 사랑과 감사가 넘치는 행복한 사람이 됩니다.

하와이 전통 치유법에 호오포노포노라는 것이 있습니다. 이는 '잘못을 바로잡는 것'을 의미합니다. 사람들 사이의 문제를 해결하는 방법이죠. 방법은 간단합니다. "미안합니다, 용서하세요, 감사합니다, 사랑합니다." 이 네 마디의 말을 하는 것입니다. 옛날에는 가족이나 부족 전체가 모여 한 사람씩 서로에게 용서를 구하며 말했다고 하는 데, 현대에 와서는 외부의 누구에게가 아니라 자기 자신에게 이 말을 합니다. 소리 내서도 하고 마음속으로도 합니다.

여기 담긴 기본적인 생각은 이렇습니다. 우리 외부에 존재하는 것은 없다. 나의 문제든 세상의 문제든 모두 내부의 문제다. 그것들은 모두 다른 존재를 향한 내 생각이며 기억이다. 나는 모든 일에 100퍼센트 책임이 있다( '잘못' 이 아닌 '책임' 입니다). 나는 이 기억들을 지우며 정화한다. 나에게서 지워지는 기억들은 다른 사람, 가족, 친척, 조상, 지구에서도 지워진다. 모든 것에서 지워진다. 내 안에서 정화되는 것은 다른 사람에게서도 지워진다.[16]

지우고 정화하면 결국 제로 상태가 됩니다. 아무것도 없는 무의 상태입니다. "미안합니다, 용서하세요, 감사합니다, 사랑합니다" 라는 말. 갈등과 고민과 슬픔에서 마음을 해방하는 만트라와 같습니다. 만트라의 '만' 은 '마음' 이란 뜻이며, '트라' 는 '자유롭게 한다' 는 뜻입니다. 만트라는 마음을 자유롭게 하며, 평화롭게 합니다.

휴 렌이라는 심리 치료사는 하와이의 정신 병동에 있는 환자들을 이 방법으로 치료했다고 합니다. 환자들을 생각하며 자기 자신에게 "미안합니다, 용서하세요, 감사합니다, 사랑합니다" 라고 진심을 담아 말을 했던 것입니다. 그것만으로 환자들은 치료되었습니다. 이른바

원격 치료입니다. 이 사실이 언론에 보도되면서 호오포노포노가 널리 알려지게 되었습니다.

휴 렌의 영적인 능력이 뛰어나서 신비로운 치유가 가능했다고 할 수도 있습니다. 하지만 특별한 영적 능력이 없더라도 그냥 말해보면 압니다. 자기 자신에게, 내가 미워하는 사람에게, 나를 괴롭히는 사람에게, 내가 사랑하지만 병으로 고통 받고 있는 이에게. 지금 바로 "미안합니다, 용서하세요, 감사합니다, 사랑합니다"라고 말해보세요. 이 말들이 지닌 놀라운 치유의 힘을 느낄 수 있습니다.

이 말들은 우선 나부터 정화합니다. 그리고 나를 대하는 상대의 태도가 달라지는 것도 느낍니다. 우리는 늘 '저 사람만 없으면 되는데', '저것만 없애버리면 문제가 풀릴 텐데'라고 생각합니다. 하지만 다른 사람이 또 생기고, 다른 것이 또 생깁니다. 대상을 바꾸는 일은 참 어렵습니다. 세상은 내 마음대로 되지 않죠.

그것보다는 나를 바꾸는 방법으로 문제를 해결하는 것이 현명합니다. 내가 바뀌면, 나와 관계 맺는 것들도 바뀌지 않을까요? 모든 관계는 상대적인 것이니 말입니다. 말로 정화해 제로 상태에 이르면 어떤 느낌일까요? 제로 상태에서도 말할 수 있다면, 우리가 할 수 있는 유일한 말은 "사랑합니다"가 아닐까 싶습니다.

# 명상은 좋은 벗

*희망이란 것은 본래 있다고도 할 수 없고,*
*없다고도 할 수 없다.*
*그것은 마치 땅 위의 길과 같은 것이다.*
*사실 땅 위에는 본래 길이 없었다.*
*걸어가는 사람이 많아지면서 곧 길이 된 것이다.*
*-루쉰, 「고향」 중에서*

'마음먹는다'는 말이 있습니다. 우리는 음식만 먹는 것이 아니라 마음을 먹고 삽니다. 단 한순간도 마음을 먹지 않는 때가 없지요. 음식에 좋은 음식과 그렇지 않은 음식이 있듯이, 마음에도 좋은 마음과 그렇지 않은 마음이 있습니다. 우리가 먹는 마음이 우리의 모습을 만듭니다.

학교가 아픕니다. 선생님, 학생, 학부모 모두가 힘이 듭니다. 선생님들의 자존감은 땅에 떨어졌습니다. 심인성 질환으로 고통을 호소하

odidoss

는 교사가 많습니다. 학생들은 더 힘이 듭니다. 극심한 경쟁, 수면 부족, 운동 부족, 학업 스트레스에 시달립니다. 폭력, 욕설, 게임 중독, ADHD 같은 정신 질환은 모두 아이들의 고통스러운 마음의 표현입니다. 학부모들은 불안합니다. 밑 빠진 독 같은 사교육비, 경쟁에서 뒤처지면 어쩌나 하는 걱정, 학교 폭력에 못 견뎌 자살하는 아이들의 소식. 학교는 배우고 익히는 즐거운 공간이 아니라 우리 사회의 모순을 압축해 담아놓은 싸움터가 되었습니다.

학교 문제를 해결해낸다면 우리 사회는 더 높은 차원으로 성숙할 것입니다. 그런데 이 싸움터는 곧 우리 마음의 싸움터입니다. 우리는 나쁜 마음의 늑대에게 먹이를 몰아주고, 너무 커져버린 늑대에게 고통 받고 있습니다.

행복한 학교 만들기를 위한 명상 교육 프로젝트를 진행한 적 있습니다. 학생들의 좋은 마음을 키우는 교육이었습니다. 명상하는 특별한 기술을 가르치는 것이 아닌, 상상을 통한 긍정적 정화와 바로 보기를 통한 자기 확인의 시간이었죠. 명상은 학생들이 평생을 살아가는 데 매우 좋은 벗이자 도구가 되리라고 기대했습니다.

명상은 학생들에게 매우 낯선 경험입니다. 특정한 마음을 먹는 훈련은 당황스럽고 불편하고 때로 황당할 수도 있죠. 그런데 학생들은 생각보다 순수하고 때 묻지 않았습니다. 교육을 준비하면서 과연 이 수업을 아이들이 받아들일 수 있을까 많이 고민했지만, 제 생각보다 아이들은 잘 받아들이고 스스로 변화해갔습니다. 자기 상황과 잘 맞아떨어질 경우에는 마른 스펀지처럼 강사들의 이야기를 빨아들였습니다.

수업의 시작은 강사가 학생들에게 이해를 구하는 것입니다. 평화롭지 못한 세상을 만든 어른들을 대신해 사과하고, 평화로운 세상을 만들기 위해 노력하는 사람들이 있으며, 그 사람들을 대신해서 이 자리에 섰음을 전합니다. 아이들의 마음의 문을 여는 시간입니다. 아이들의 생각과 감정을 먼저 읽어내고 참으로 귀하게 여기는 마음을 가질 때, 아이들도 마음을 열고 동참합니다.

명상 수업은 강의, 활동, 실습 3가지로 구성되어 있습니다. 자존감 키우기, 사랑 나누기, 아름다운 희망 지니기, 지혜 기르기, 좋은 숨 쉬기, 호연지기 키우기 등 각 주제에 맞는 강의가 먼저 진행됩니다. 시청각 자료를 활용해 마음의 효과에 대한 과학적이고 의학적인 사례를 보여주고, 재미있는 우화와 음악도 들려줍니다. 활동은 자화상 그리기, 천사 카드 만들기, 롤링 페이퍼 적기, 행복 비전 적기 등으로 강의 내용을 체화하는 시간입니다. 이런 활동들을 통해 학생들은 변화하는 자신의 모습, 미처 몰랐던 자신의 모습을 발견하기도 합니다. 강의와 활동 후에는 간단한 기체조와 호흡을 통해 자세를 잡고 직접 명상하는 시간을 보냅니다. 눈을 감고 조용히 강사의 안내에 따라 마음속으로 여행을 합니다.

수업이 계획대로 진행되었던 것은 아닙니다. 수업 분위기 잡기가 너무 힘들 때가 많았습니다. 정규 수업이 아닌 데다 통제와 억압에 길들여진 아이들은 이 시간에 그야말로 자유로운 영혼이 되어 마음껏 교실을 활보했습니다. 하지만 그 순간을 참지 못하고 통제와 억압으로 돌아간다면 명상 수업은 헛것이 되고 맙니다. 아이들을 믿고 기다려야 하죠. 단 1퍼센트의 학생이라도 강사의 안내를 따라온다면 그 아이를 보고 수업을 진행합니다. 떠들고, 장난치고, 잠자는 아이들도 귀를 열어 강사의 말을 듣고 있다는 사실. 강사의 표정과 마음을 모두 읽고 있다는 사실을 늘 경험합니다. 아이들은 존중받아야 합니다. 그리고 자신들의 이야기를 할 수 있어야 합니다. 너무도 당연한 것들이 무시되고 방기되는 현상을 종종 목격합니다.

사실상 우리 사회의 모든 것이 학교와 연결되어 있습니다. 우리 아이들이 어떤 마음의 늑대에게 먹이를 주는지에 따라 세상이 바뀔 것입니다.

왕따였던 한 고2 학생이 수업이 끝난 후 강사에게 전달해준 편지 한 장을 소개합니다. 이 학생은 명상을 하며 버려야 할 것들을 하나씩 떠올린 뒤 내려놓다 보니까 눈물이 났다며 "사랑한다, 용서한다는 말을 되뇌다보니 나와 내 주변의 사람들이 잘되기를 바라게 되었다"라고 밝히기도 했습니다.

"……닫힐 대로 닫혀 있던 제 마음을 선생님이 열어주셨습니다. 선생님의 진행 멘트에 따라 천천히 명상을 해나가면서 제일 먼저 저 자신을 사랑하게 되었습니다. 지금까지 저는 좋지 않은 점들만을 바라보며 저를 굉장히 바닥인 애로 취급해 왔는데요, 제가 얼마나 아름답고 귀한 존재로 이 세상에 오게 되었는지 명상 시간을 통해 깊이 깨닫게 되었습니다.……선생님께서 저를 안아주셨지요. 그때 눈물이 금방이라도 터질 것 같았습니다. 터뜨리지는 않았지만 감동을 주체할 수 없었습니다. 진심 어린 포옹 정말 감사합니다. 이 모든 시간을 평생 잊지 못할 것입니다. 선생님, 사랑합니다."

ⓒ표정

# 만물은 공명한다

*한밤에 남몰래*
*벌레는 달빛 아래*
*밤을 갉는다*
*–마쓰오 바쇼*

세상의 본질이 뭐냐고 사람들은 물어왔습니다. 근원에 대한 탐구죠. 종교가 묻고, 과학이 물었습니다. 각자의 방식으로 답도 했습니다. 뉴턴으로 대표되는 고전 물리학적 세계관에서는 '만물은 물질'이라고 생각했습니다. 만물은 시간과 공간을 점유하는 입자라는 생각입니다. 이 입자는 건드리지 않으면 영원히 그대로 있습니다. 건드리면 물론 돌아가죠. 이 관점에서 보면 세계는 거대한 기계입니다. 인간 역시 기계죠. 신이 만들어서 작동한 완벽한 기계. 그래서 역설적으로 신이 개입하지 않아도 돌아가는 기계라는 생각도 가능했습니다. 근대는 신과 결별을 선언한 세계입니다. 이성으로 기계의 작동 원리를 파악할 수 있다는 자신감도 있었죠. 물리학으로 세상 모든 것을 설명할 수 있어 더는 연구할 것이 없다고 공언한 사람도 있었습니다.

하지만 현대의 양자 물리학에서 제시한 답은 다릅니다. 양자 물리학에서는 만물은 입자면서 파동이라는 사실을 발견했습니다. 관찰자의 눈에 따라 입자가 되었다가 파동도 되는 것이죠. 이에 따르면 만물은 출렁이는 물결 같은 것입니다. 물결처럼 파동이 이는 에너지인 것이죠. 에너지는 정보를 담고 있으며, 에너지가 뭉쳐서 물질이 만들어집니다. 만물이 정보를 지닌 에너지라면 생각과 상상도 실체라고 할 수 있습니다. 에너지의 밀도가 다를 뿐이죠. 에너지의 밀도를 높이면 생각을 실체화하는 것도 이론적으로 가능합니다. 만물을 움직이는 힘은 영점장zero point field 또는 영점 에너지zero point energy라고 부릅니다.

양자 물리학에서는 또한 '만물은 모두 하나로 연결되어 있다'고 주장합니다. 전문 용어로 비국소성nonlocality이라고 부릅니다. 물결과 물결은 겉보기엔 달리 보여도 하나의 물입니다. 각각 잠시 일어났다 사라지는 것들이죠. 달리 비유해보면, 개개인은 같은 나무에 매달린 나뭇잎 같은 것입니다. 공간적으로 아무리 멀리 떨어져 있어도 모두 이어져 있습니다. 또한 나뭇잎은 나무에 대한 정보를 담고 있습니다. 나무는 나뭇잎에 대한 모든 정보를 알고 있고요. 정보를 공유하는 것이죠.

비국소성은 시간적 차원에서도 성립합니다. 즉 과거, 현재, 미래가 동시에 존재하는 것이죠. 강줄기를 생각해볼까요? 강은 산에서 흘러와 들판을 적시고 바다로 흘러갑니다. 산은 과거, 들판은 현재, 바다는 미래라고 해보죠. 우리가 그 강줄기를 타고 내려가고 있다면, 시간은 과거에서 현재를 거쳐 미래로 흘러갑니다. 물의 흐름을 거스를 수는 없습니다. 하지만 우리가 강이 내려다보이는 높은 언덕 위에 서 있다면, 산에서 흘러오는 강과 들판을 적시는 강, 바다로 흘러가는 강을 동시에 볼 수 있습니다. 과거, 현재, 미래가 동시에 존재하는 것이죠. 만물은 정보를 지닌 에너지이고, 시공간적으로 이어져 있으며, 모든 정보를 공유한다고 할 수 있습니다.

양자 물리학적 세계관은 우리의 현실 감각과 거리가 있습니다. 하지만 우리는 모두 비슷한 감각 기관을 가지고 있고 입력되는 정보가 유사하니, 공동의 상상 속에 사는지도 모릅니다. 외부의 실체가 우리의 공동 주관이 만들어낸 가상 현실일지도 모른다는 상상을 해봅니다. 눈을 뜨면 사라질 꿈처럼요. 그래서 양자 물리학의 기초를 다진 한 과학자는 "우리는 우리가 만들어낸 무대 위에서 연기하는 배우이

자 동시에 관객"이라고 말했습니다.[17] 아이러니가 있는 인생의 비극이자 희극이죠. 그런데 이를 달리 보면, 우리는 무대도 만들고 연기도 하고 감상도 할 수 있는 존재입니다. 내가 마음먹기에 따라 현실이 바뀔 수 있는 것이죠. 모두 연결되어 있으니, 내가 바뀌면 세상이 바뀔 테고요. 신념에 따라 바뀐 내면이 결국은 물질적으로도 변화를 이끌어냅니다.

파동은 공명합니다. 주파수를 생각해보면 쉽습니다. 우리 주위에는 세계의 모든 텔레비전과 라디오 방송국에서 날아오는 전파가 가득합니다. 우리 집의 라디오와 텔레비전은 주파수 중에 어떤 것과 사이클이 맞기 전에는 소리나 그림이 나타나지 않습니다. 서로 맞는 주파수만 받아들이는 것입니다. 멀리서 날아온 전파와 주파수가 맞을 때 분명하고 깨끗한 소리가 나오며, 주파수를 바꾸면 다른 소리와 화면이 들어옵니다. 내가 맞추는 주파수에 따라 그에 맞는 파동이 전달되는 것이죠.

우리 마음도 에너지입니다. 내가 어떤 마음을 쓸 때 에너지도 쓰는 것입니다. 어두운 에너지에는 어두운 에너지가 공명합니다. 긍정적이고 밝은 에너지에는 그에 맞는 에너지가 공명합니다. 내 마음이 일으킨 파문은 세상 끝까지 갔다가 내게로 다시 돌아옵니다. 내가 일으킨 파문과 공명하는 파문을 몰고 되돌아오는 것이죠. 그러니 나쁜 마음을 먹으면 나만 손해입니다. 내게로 되돌아오니까요. 좋은 마음을 먹으면 당장은 손해 볼 것 같을지라도 결국 좋은 일이 생깁니다. 그런 마음을 품는 것 자체가 사실은 나를 행복하게 만들죠.

주변 상황을 바꾸는 일은 정말 어렵습니다. 나도 내 마음대로 못하는데, 다른 사람을 어떻게 내 마음대로 할 것이며, 우리가 살아가는 세상을 어찌 내 마음대로 하겠습니까. 그보다는 내가 바뀌는 게 빠르고 확실한 길입니다. 내가 바뀌면 나 같은 사람을 만나게 됩니다. 세상 사람들 안에 잠재해 있던 나 같은 사람들이 제 모습을 드러내는 것일 수도 있습니다. 이들이 모여서 세를 키우면 세상이 바뀔 수 있습니다.

명상가들이 세계 여기저기에서 한날한시에 평화의 마음을 모아보는 실험을 했습니다. 특정 분쟁 지역에 평화가 찾아오기를 바라며 동시에 그런 마음을 보내는 실험이었습니다. 그런데 놀랍게도 그런 마음을 보내는 동안에 분쟁이 줄어들었다고 합니다. 그리고 마음 보내기를 중단하면 다시 원래대로 분쟁이 증가하는 경향을 보였습니다. 단 1퍼센트의 사람만 마음을 바꾸어도 조직 전체가 바뀔 수 있다고 합니다. 100명이 일하는 곳이라면 1명만 바뀌어도 일터가 달라질 수 있다는 것이죠.

사실 여부를 따지지 않더라도 직관적으로 느껴보세요. 부처나 예수 같은 성자가 우리 직장에 있다면, 우리 옆집에 살고 있다면, 심지어 나와 같은 집에서 살고 있다면. 한 사람으로 인해 얼마나 많은 사람이 영적으로 고양될지, 얼마나 행복할지 상상해보세요.

# 이 또한 지나가리라

*그대들이 지킬 수 있는 것이 무엇이 있습니까?*
*언젠가는 그대들이 가진 것 전부를 내줄 날이 올 것입니다.*
*그러니 지금 주십시오.*
*-칼릴 지브란*

중동 지방의 어느 왕이 끊임없이 행복과 절망 사이를 오가며 살고 있었습니다. 그는 사소한 일에도 흔들리면서 심한 반응을 보였고, 행복은 일순간 낙담과 좌절감으로 바뀌었습니다.

마침내 왕은 그런 자신과 삶에 몹시 지쳤고, 어떻게 하면 벗어날 수 있을지 출구를 찾기 시작했습니다. 그는 신하를 보내 깨달음을 얻었다고 소문난 한 현자를 불러오게 했습니다. 현자가 오자 왕은 말했습니다.

"나는 당신처럼 되고 싶소. 내 삶에 마음의 평정과 조화와 지혜를 가져다줄 무엇인가를 줄 수 있겠소? 만약 그렇게 해준다면 원하는 대로 보상을 해주겠소."

현자가 말했습니다.

"어쩌면 폐하를 도울 수 있을지도 모르겠습니다. 하지만 이것은 값이 매우 비싸기 때문에 폐하의 왕국 전체로도 모자랄 것입니다. 따라서 만약 폐하가 그것을 마음에 들어 하신다면, 그냥 선물로 드리겠습니다."

왕은 그렇게 하겠다고 약속했고, 현자는 떠났습니다.

몇 주 뒤, 현자는 돌아와 왕에게 옥으로 조각을 새긴 아름다운 상자를 건넸습니다. 열어보니 상자 안에는 단순한 금반지가 들어 있었고, 반지에는 글귀가 새겨져 있었습니다. 글귀는 이것이었습니다.

'이것 또한 지나가리라.'

왕이 물었습니다.

"무슨 의미요?"

현자가 대답했습니다.

"늘 이 반지를 끼고 계십시오. 그리고 무슨 일이 일어나면 그것이 좋은 일인지 나쁜 일인지 결정 내리기 전에, 이 반지를 만지고 여기 새겨진 글귀를 읽으십시오. 그렇게 하면 언제나 평화로움 속에 있게 될 것입니다."[18]

명상할 때 나타나는 많은 현상은 모두 지나가는 것입니다. 거기에 특별한 의미를 부여하지 마시기 바랍니다. 명상을 잘하고 못하고는 영적인 세계에 다녀왔다든가, 전생을 보았다든가, 공중에 뜬다든가, 신비로운 현상을 경험했다든가 하는 데 있는 것이 아닙니다. 그런 경험을 위해 명상하는 것도 아닙니다. 명상을 통해 생활 속에서 마음의 안정과 평정을 잘 유지하는지, 얼마나 지혜로워졌는지가 중요합니다.

명상하면서 내 마음이 더 넓어졌는지도 잘 살펴보세요. 수행하는 사람 중 많은 사람이 아상我相이 더 강해지고, 아집과 집착과 편견에 맑은 눈을 잃습니다. 이런 사람들은 타인을 배려할 줄 모르고 마음이 좁습니다. 내 것만이 최고라고 하고, 심지어는 자신이 깨달았다며 성공하게 해줄 테니 금전을 달라 요구하고, 스승의 권위를 내세워 개인적 욕망을 채우기도 합니다. 자신이 무슨 일을 하고 있는지 깨닫지도 못하고 말이죠.

내가 명상을 잘하고 있는지 점검할 때는 마음이 얼마나 너그러워졌는지 보면 됩니다. 좁은 마음으로는 결코 편안히 쉴 수 없습니다. 마

음이 하늘만큼 넓으면 안에 검은 구름이든 흰 구름이든, 바람이든 햇살이든 무엇이나 품을 수 있습니다. 아무것도 하지 않아도 행복한 휴식. 무엇과도 바꿀 수 없는 소중한 보물은 그런 마음속에서만 구할 수 있습니다.

명상할 때 생겨나는 현상만 지나가는 것이 아닙니다. 내게 오는 행복과 불행도 마찬가지입니다. 영원한 것은 없습니다. 우주보다 큰마음으로 오고가는 것들을 무심히 바라볼 수 있어야 합니다. 하늘에 떠 있는 은은한 달빛을 바라보듯이, 강물에 비치는 저녁 햇살을 바라보듯이, 아기의 맑은 얼굴을 바라보듯이. 그렇게 보고 있으면 모두 지나갑니다.

'이 또한 지나가리라.' 왕의 반지에 새겨진 이 글귀는 시련의 시간에 위로를 줍니다. 성공과 행복의 시간에는 겸손과 겸허함을 주고요. 소설 『멋진 신세계』의 작가 올더스 헉슬리는 만년에 신비주의자가 되었습니다. 임종이 가까워진 헉슬리에게 누군가 물었습니다. 영적 스승과 구루에게 무엇을 배웠느냐고. 헉슬리는 말했습니다. "한마디로 말하자면, 다만 친절해지는 법을 배웠네."

# 지금
# 여기의 순간

*이 세상에 지복의 파라다이스가 있다면*
*바로 이곳*
*바로 이곳*
*바로 이곳이다.*
*–피르다우시*

인본주의 심리학자 에이브러햄 매슬로의 욕구설은 잘 알려져 있는 이론입니다. 사람의 욕구에는 단계가 있다는 것입니다. 아래쪽의 욕구일수록 강렬해 즉각 충족되어야 합니다. 먼저 맨 아래쪽의 생리적 욕구. 가장 기본적인 욕구입니다. 먹고, 자고, 번식하고 싶은 욕구이지요. 식욕, 수면욕, 성욕은 삶의 가장 기초를 이루는 욕구들입니다. 이 욕구가 해결되면 다음으로 안전의 욕구가 생깁니다. 안전한 보금자리를 찾는 욕구지요. 배부른 짐승이 자기가 살고 있는 굴을 찾아가거나, 시원한 그늘에 드러누워 편안히 쉬고 싶은 욕구 같은 것입니다. 그다음은 소속감의 욕구. 가정과 사회에 속하고 싶은 욕구입니다. 한 집단의 구성원이 되고 싶은 마음입니다. 가정을 이루고, 직장에 다니는 것에는 이런 욕구가 내재합니다. 다음은 자존감의 욕구. 타인의 인정을 받고 싶은 욕구, 명예를 구하는 욕구입니다. 마지막으로 제일 상위의 욕구가 자아실현의 욕구입니다. 자신의 잠재성을 100퍼센트 실현하려는 욕구입니다. 완전한 인간이 되고 싶은 욕구라고 할 수 있죠. 누가 알아주지 않아도 아무 대가 없이 봉사하는 마음, 완전한 인격체가 되기 위해 수행하는 마음, 신과 합일하고자 하는 마음, 혼자 있어도 삼가는 마음 등이 이에 해당하겠죠.

자아실현을 한 사람들에게는 공통점이 있습니다. 정상 경험peak experience을 한다는 것입니다. 시간과 공간을 뛰어넘는 무아경, 완전히 몰입한 상태에서 황홀경을 느낀다는 것이죠. 정상 경험은 깊은 명상 상태와 동일합니다. 이는 마음의 깊은 휴식 상태이기도 합니다. 하위 욕구를 조절하면서 자아실현이라는 마음의 깊은 휴식을 체험해가는 과정이 명상입니다.

사람은 생리적 욕구부터 자아실현의 욕구까지 실현하며 살아야 합니다. 하지만 그 욕구를 어느 선까지 해결하고 살아야 하느냐는 문제도 있습니다. 생리적 욕구를 해결하기 위해 식욕과 수면욕과 성욕을 얼마나 충족해야 하느냐, 소속감의 욕구를 해결하기 위해 얼마나 집단에 철저히 복종하고 순응하고 살아야 하느냐, 그런 문제들입니다. 어떤 사람들은 생리적 욕구, 소속감의 욕구, 자존감의 욕구를 다 건너뛰고 자기실현의 욕구에 매달리기도 합니다. 단식하고 고행하면서 홀로 바위산의 동굴에서 살아가는 거죠.

현대 사회는 매우 복잡합니다. 명상이 모든 문제를 해결하는 만병통치약은 아닙니다. 하지만 명상에는 복잡한 상황을 단순화하는 힘이 있습니다. 복잡할수록 역설적으로 단순해지는 것이 지혜롭습니다. 명상은 욕구 조절 능력을 키워줍니다. 욕구 제어의 기술이기도 한 것입니다. 진짜 욕구와 가짜 욕구를 구분하고, 헛된 욕망을 제어합니다. 하위 욕구를 채워야 상위 욕구가 생기지만, 한편으로 상위 욕구가 하위 욕구를 조절하는 것이죠.

명상은 생각보다 실행하기 어려울 수 있습니다. 몇 번 하고 끝낼 수 있는 것도 아닙니다. 명상에 너무 기대하고 잘하려고 하면 오히려 스트레스가 됩니다. 왜 빨리 스트레스가 사라지지 않느냐고 책망합니다. 정상 경험은 언제 하는 것이냐고 조급증을 내보지만 그럴수록 더 어려워집니다. 조용히 앉아 망중한을 즐기든, 가볍게 노래를 부르거나 숲 속을 산책하든, 따듯한 물에 목욕하며 졸음을 즐기든, 외부의 자극에 시달리지 않고 순간순간을 감사하며 즐길 수 있다면 그것도 명상입니다. 삶의 순간을 온전히 즐기는 것이지요.

지금 여기의 순간에 온전히 몰입하는 기쁨이 곧 정상 경험입니다. 그리고 이런 경험은 세상과 동떨어진 산속 오두막이나 사막의 바위굴 속에서만 할 수 있는 것이 아닙니다. 생활 속에서, 생활인으로도 얼마든지 할 수 있습니다. 그리고 그것이 더 가치 있는 일입니다.

ⓒ표정

# 단지 사랑하세요

*어느 곳에서든지 신을 본 사람은 없다.*
*그러나 만약 우리가 서로 사랑한다면*
*신은 우리 가슴에 머물 것이다.*
*-톨스토이*

하늘나라에 천사들이 살고 있었습니다. 모두가 모두를 한 몸처럼 아끼는 행복한 곳이었습니다. 한 천사가 도서관에서 책을 읽다가 '용서'라는 말을 발견했습니다. 말뜻은 알았지만 천사는 용서의 생생한 느낌을 체험하고 싶었습니다. 하늘나라의 법칙인 '사랑'처럼 줄 때와 받을 때의 느낌이 궁금했습니다. 고민하는 그에게 다른 천사가 말했습니다.

"하늘나라에서는 용서를 체험할 수 없어요. 용서는 용서할 대상이 있어야 하거든요. 대상은 용서하는 주체를 힘들고 괴롭게 하는 행동을 해야 하는데 이곳에는 그런 사람이 없습니다. 그런 경험을 하려면 지구로 가야 합니다. 하지만 도와줄 사람이 있어야 합니다. 당신이 용서를 체험하고 싶다면 제가 지구에 같이 태어나서 당신을 괴롭히는 노릇을 하겠습니다."

천사는 정말 기쁘고 고마웠습니다. 지구로 떠나기 직전 들떠 있는 천사에게 지구로 함께 떠나기로 한 천사가 말했습니다.

"지구에서 우리는 서로 알아보지 못할 것입니다. 하지만 한 가지만 기억해주세요. 당신을 괴롭히고 힘들게 하는 사람이 죽이고 싶도록 미울 때, 그 사람이 당신을 돕기 위해 지구로 함께 떠난 천사라는 사실을 말입니다."[19]

공자는 사람의 일도 모르는데 귀신의 일을 어떻게 알겠느냐고 말했습니다. 옳은 말입니다. 사실 멀리 갈 것도 없이 우리의 일상 자체가 신비한 일입니다. 평범한 것이 비범하죠. 어두워지면 잠이 오고, 밝아지면 깨어나는 일은 신비롭습니다. 먹는 과정이나 배설하는 과정도 신비롭습니다. 감정을 나누고 생각하는 일도 그 자체가 신비입니다. 방에 드러누워 손을 쥐었다 폈다 하면서 참 신비롭다고 종종 느낍니다. 섬세하게 움직이는 이 손은 누가 어떻게 만들었는지, 어떻게 움직일 수 있는 것인지 신기하기만 합니다. 낯익은 우리의 일상적 현상에 대해서도 우리가 아는 것은 지극히 적습니다.

명상과 수행으로 깊이 깨달은 영성가들은 우리 안에 내재한 신성, 영spirit, 아트만atman, 내면의 빛, 불성, 본연지성本然之性 등으로 불리는 참나로 살았다고 전해집니다. 참나는 우리의 깊은 자아입니다. 참나를 자각할 때, 무엇에도 흔들리지 않고 어떤 두려움도 없이 평안하고 자유로운 삶을 살 수 있다고 전합니다. 참나는 우주만물의 궁극적 실재와 하나라고 말합니다. 완벽한 일치를 이루는 것이죠. 힌두교에선 범아일여梵我一如, 즉 아트만과 브라만의 일체라고 표현합니다. 기독교 전통에서는 신화deification라고 하며, 동아시아 사상에선 천인합일이나 물아일체라고 표현합니다.

이런 경지는 육체와 영혼, 주체와 객체, 나와 너, 인간과 우주, 인간과 신의 분리와 대립을 초월하는 절대 평안의 경지입니다. 우주만물의 모태 혹은 고향으로 회귀하는 환향의 경지이기도 하죠. 자아의 감옥을 벗어난, 무아無我를 통한 진아眞我의 삶이며, 십자가를 통한 부활의 생명입니다.[20] 신비로운 경험임에 틀림없습니다.

하지만 그 경험은 평범한 우리가 닿기에는 참 쉽지 않은 것 같습니

다. 그렇다면 역으로 그런 경지에 이른 인물의 구체적인 삶을 들여다보면, 그 경지가 어떤 것인지 짐작할 수 있지 않을까 싶습니다. 모든 깨달음은 구체적인 삶으로 드러나기 마련이니까요. 깨달은 인물은 어떤 모습일까요? 우리가 성인이라고 부르는 분들을 생각해보지요. 예수나 부처, 공자 같은 분 말입니다. 멀리 가지 않더라도, 현대의 성자라 부르는 인물도 우리 곁에 있습니다. 테레사 수녀 같은 분 말입니다.

테레사 수녀의 삶이 다큐로 방영된 적이 있습니다. 테레사 수녀를 비롯한 몇 명의 수녀들이 전쟁 중인 레바논으로 갔습니다. 수녀는 먼저 "무엇을 도와 드릴 수 있을까요?"라고 물었습니다. 내가 하고 싶은 일, 할 수 있는 일이 아닌 상대에게 필요한 일을 먼저 물은 것이죠. 일행은 돌볼 사람이 부족한, 뇌성마비를 앓는 어린이 환자 수용 시설에서 일하게 되었습니다. 그곳의 아이들은 몸이 오그라들고, 발육이 더뎌 나이보다 체구가 작았습니다. 단체 시설에서 흔히 보이는 성장 정지로 고통 받고 있었습니다.

사랑받지 못하는 아이는 뇌하수체에서 성장 호르몬을 충분히 생산해내지 못한다고 합니다. 이 아이들은 잘 먹이고 기저귀도 제때 갈아주었지만, 어머니의 사랑을 받지는 못했습니다. 모든 평범한 아이가 엄마와 나누는 사랑을 잃었습니다. 아이들은 단지 보모들에 의해 시간표에 따라 기계적으로 다루어지고 있었습니다.

테레사 수녀는 죽음의 가면을 쓴 것처럼 얼굴이 일그러지고, 쪼글쪼글한 팔다리가 경련으로 뒤틀린 한 아이를 안았습니다. 그냥 아이를 안고 어르고 사랑이 가득한 눈으로 바라보기만 했습니다. 몇 분이 지나자 아이는 미소를 짓기 시작했고, 팔다리는 부드럽게 풀렸습니다. 테레사 수녀에게 누군가 왜 회복할 가능성이 없는 병자나 죽어가는 이들을 돌보느냐고 물었습니다. 답이 나오지 않는 일을 하는 모습에 답답하고 안타까운 마음이 들었을 테죠. 테레사 수녀는 이렇게 답했습니다.

"나의 소명은 단지 그들을 사랑하는 것일 뿐입니다."

그것으로 모든 것은 충분했습니다.[21]

성인들은 모두 지혜롭습니다. 그리고 무엇보다 자비롭고 이타적입니다. 이분들의 존재 자체가 위안이며 정신의 고양입니다. 명상을 하지 않아도, 산 중에서 특별한 수행을 하지 않아도, 그렇게 살아갈 수 있다면 명상적인 삶입니다. 테레사 수녀의 짧은 이야기 하나와 한마디의 말로도, 우리의 삶은 충분히 가치 있다는 것을 느끼게 합니다. 범사에 감사하라. 평범한 진리입니다. 감사하면 내가 아닌 다른 사람이 보입니다. 다른 나도 보이고요.

나를 괴롭히는 사람이 있나요? 용서하세요. 용서에서 사랑이 싹틉니다. 그 사람이 나를 위해 이 세상에 온 천사라고 생각해보세요. 그 마음을 품고 키우는 것이 명상입니다. 생면부지의 희망 없는 사람도 그저 돌보고 사랑합니다. 나를 미워하는 사람은 그래도 내가 아는 사람입니다. 그로 인해 내 마음이 갈등하지만, 그로 인해 성숙해지기도 합니다. 나를 미워하는 사람은 곧 나의 스승입니다. 그러니 부디 용서하시기를. 그 사람도, 내가 미워하는 내 모습도.

사랑하는 일은 신비롭습니다. 우리는 사랑이 무엇인지 잘 모르면서도 사랑이 있을 때는 실감합니다. 설명하지는 못해도 충분히 알고 있는 것이 우리에게는 얼마나 많은지. 명상하는 특별한 기술이 아닌, 그 마음이 우리를 고요히 쉬게 합니다. 지금 여기의 구체적인 삶에 발을 딛고, 지금 이 순간 단지 사랑해보세요. 작은 사랑이라도 말입니다. 작아도 그 안에는 모든 것이 담겨 있습니다.

## 마음을 쉬는,
## 명상 이야기

### 실재에 이르는 길

명상은 생각과 마음을 비워 무념무상의 상태에서 고요히 쉬는 것입니다. 고요히 쉬면서 맑게 깨어 내면을 바라보기 때문에 명상 수행을 불교에서는 지관止觀 혹은 묵조默照라 부르기도 합니다. 지관은 생각과 마음의 움직임을 그치고止 깨어서 본다觀는 뜻입니다. 묵조는 고요한 가운데 내면을 비춰본다는 의미입니다.[22]

명상의 3요소를 정좌正坐, 명심明心, 무사無思로 풀기도 합니다. 정좌는 말 그대로 바르게 앉는 것입니다. 가부좌나 반가부좌를 하고 허리를 세우며 턱을 당겨 앉습니다. 양반다리로 편하게 앉거나 의자에 앉기도 합니다. 허리를 세우고 어깨에 힘을 빼 긴장하지 않고 안정된 자세로 앉는 것이 중요합니다. 명심은 밝은 마음입니다. 명상할 때는 최상의 긍정적인 생각과 밝고 편안한 마음으로 임하는 것이 좋습니다. 무엇을 이루겠다는 마음으로 너무 애를 쓰면 명상 수행이 고역이 됩니다. 수행에 진전도 더딥니다. 무사는 생각이 없는 상태입니다. 생각은 대부분 잡념입니다. 잡념이 많을수록 정신이 어두워집니다. 반대로 비울수록 명료해집니다. 명상은 바른 자세로, 잡념을 비우고, 밝은 마음으로, 고요히 쉬면서 내면을 바라보는 것이라 말할 수 있습니다.

명상을 영어로는 메디테이션Meditation이라고 합니다. 이는 '고려하다', '측량하다'를 뜻하는 인도-유럽어의 동사 어근 med에서 유래했습니다.[23] 메디테이션에 해당하는 산스크리트어는 브하와나bhavana입니다. 이를 서구인들이 메디테이션으로 번역해 사용하고 있는 것이죠. 이 말에는 '기르다cultivate'는 뜻이 있습니다. 그러므로 메디테이션은 고요한 상태에서 심적 지각을 통해 실재를 측량한다, 실재를 직접 느끼는 데 전념한다, 실재에 대한 통찰을 기른다는 의미를 지닙니다. 명상은 '심적 지각'이라는, 과학과는 다른 방법으로 실재에 이르는 길을 제시합니다. 메디테이션은 의학을 뜻하는 메디신Medicine과도 어원이 같습니다. 명상은 마음을 치유하는 행복의 약이기도 합니다.

### 종교 수도자들의 명상

명상은 종교의 수련법이었습니다. 불교에는 사마타, 위파사나, 만트라, 기도 등 다양한 명상법이 발달해 있습니다. 사마타는 의식을 하나의 대상에 모으는 명상입니다. 호흡이나 영상, 소리에 집중해 마음을 가라앉히고 머리를 맑게 하죠. 집중 명상이라고도 부릅니다. 위파사나는 의식에 떠오르는 것을 자각하는 명상입니다. 의식을 활짝 열고 신체 감각, 감정, 생각 등을 떠오르는 대로 바라보는 것이죠. 통찰 명상이라고도 불립니다. 사마타와 위파사나는 불교 명상법의 두 축입니다. 두 가지를 함께 굴려야 수행의 수레바퀴가 잘 굴러갑니다. 이 수행법은 모두 불교적인 진리인 무아, 무상, 연기법 등을 깨치고 해탈하기 위한 방법입니다. 명상으로 지혜가 열린 수행승들은 마음 밑바닥에서부터 자비심으로 가득 차올랐습니다. 그리고 자유로웠습니다.

기독교 수도자들은 하나님을 만나기 위해 묵상과 관상 기도를 했습니다. 나를 비워낸 자리에 하나님의 현전을 체험하고자 했죠. 이들이 만난 하나님은 벌하는 하나님이 아닌 사랑의 하나님이었습니다. 하나님이 선물로 주시는 은총으로 '나'는 거듭납니다.

이슬람교의 신비주의자인 수피들은 광야에서 조야한 음식을 먹고, 짐승의 털옷을 입고, 거친 침상에서 잠을 잤습니다. 이들은 금욕 속에서 절대자 알라를 만나는 수행을 했습니다. 에고에서 벗어나 본래의 순수한 빛을 회복하고 신의 현존을 느끼고자 했습니다. 에고의 특성을 파악하고자 수피들 사이에 전수되어온 것이 에니어그램입니다. 인간의 성격을 9가지로 분류해 유형화한 에니어그램은 에고를 극복하고 신과 합일을 이루는 데 도움을 주고자 만든 것이었습니다. 하지만 지금 에니어그램은 본래 목적에서 벗어나 자아 개발 프로그램으로 널리 쓰이고 있습니다. 수피sufi라는 이름은 그들의 털옷suf에서 유래했습니다.

유대교에서는 고대의 선지자들이 야훼를 만나기 위해 카발라라는 명상을 행했습니다. 카발라를 통해 유대교 랍비들은 지혜를 얻었고 깊은 의식 속에서 야훼의 음성을 들었습니다.

힌두교에서는 요가 수행을 했습니다. 요가를 통해 자신 안에 내재한 신성인 아트만과 현상 너머에 존재하는 비인격적 절대자인 브라만의 합일을 꿈꾸었습니다. 요가는 아주 발달한 호흡법과 명상법, 운동법을 가지고 있습니다. 현대 요가는 하타 요가라고 불리는 운동법을 중심으로 널리 퍼져 있습니다. 하타 요가는 몸을 통해 신성을 실현하고자 하는 요가의 수행법입니다. 육체의 단련과 바른 섭생을 통해 몸을 정화하고 신성을 만나고자 하는 것이죠. 하지만 요즘 요가는 신인

합일이라는 본래 목적이 퇴색하고, 건강 증진과 자아 강화의 심신 운동법으로 많이 활용되고 있습니다.

도교에서는 불로장생을 위한 단전 호흡과 명상법이 발달했습니다. 도교 수행자들은 고도의 호흡법과 섭생법, 운동법, 명상법을 고안하고 이를 실행해 천인합일의 경지에 이른 신선이 되고자 했습니다. 도교의 도인 체조인 기공氣功이 건강과 미용을 위한 운동법으로 보급되어 있습니다.

부처와 동시대를 살았던 그리스의 피타고라스는 자신을 '지혜를 사랑하는 사람', 곧 철학자라고 불렀습니다. 오르페우스 신비 종교의 영향을 받은 피타고라스는 남부 이탈리아에 공동체를 만들어 금욕 생활을 하며 침묵 수행과 명상 훈련에 집중했습니다. 몸과 마음의 불순함을 제거하고 숫자와 음악이 드러내는 우주의 조화를 묵상했습니다.

이들 종교의 수행자들은 명상을 통해 신과의 합일, 절대 세계와의 합일을 꿈꾸었고, 에고를 버리고 내면의 신성으로 살고자 했습니다.

## 명상의 대중화

전문 수도자들 사이에서 비전되던 명상은 현대에 와서 대중화의 길을 걷고 있습니다. 많은 종교 단체가 일반인을 위한 수행 프로그램을 내놓고 있습니다. 종교적인 배경을 떠나서 마음의 평화와 건강을 위해 많은 사람이 명상을 합니다.

20세기에 들어서는 동양의 명상이 서구 세계에도 널리 퍼졌습니다. 미국의 시인 랠프 월도 에머슨, 『월든』의 작가 헨리 데이비드 소로, 「풀잎」의 시인 월트 휘트먼 등은 동양 사상에 심취했고, 서구에 명상이 자리 잡을 수 있는 토양을 만든 선구자들입니다. 그 위에 인도의 요가 스승들이 미국과 유럽에 건너가 명상을 널리 전파했습니다. 일본의 스즈키 다이세쓰도 선불교를 알렸습니다. 그가 에리히 프롬과 공동 저술한 『선과 정신 분석』, 후대의 선승 스즈키 슌류가 쓴 『선심초심』 같은 책이 큰 영향을 끼쳤죠.

1960년대 말 68혁명이 일어나고, 뉴에이지 운동이 확산되면서 근대 서양 문명의 대안을 찾고자 명상에 대한 관심이 폭증했습니다. 비틀스가 인도 리시케시의 한 아쉬람을 방문해 명상을 배우면서 명상이 대중 문화의 아이콘이 되기도 했습니다. 1971년 존 레넌이 발표한 〈이매진〉이라는 노래는 뉴에이지의 정신을 아름다운 선율과 가사에 담고 있습니다. 대중적 인기를 누린 스타들의 활동으로 명상은 라이프

스타일이 되어 더욱 상업화의 길을 걷기도 했지만, 뿌리는 현대 문명의 대안을 찾고자 하는 열망에서 시작되었다고 할 수 있습니다.

고대의 만트라 명상을 응용한 마하리시 마헤시의 초월 명상은 의사들에 의해 스트레스와 불안이 줄어들고 질병 치료에 도움을 준다는 점이 알려지면서 널리 유행했습니다. 초월 명상은 일상적인 의식 상태를 초월하기 위해 마음속으로 만트라를 암송하며 20분 이상 집중하는 명상법입니다. 고대 탄트라의 명상법을 현대화해 다이내믹한 명상법을 선보인 라즈니쉬도 인기 있었습니다.

한편 '자기로부터의 혁명', '아는 것으로부터의 자유'를 선언하며 신지학회에서 부여한 메시아의 역할을 거부한 크리슈나무르티, '나는 누구인가'라고 물었던 힌두의 성자 라마나 마하리쉬, 티베트의 영적 지도자인 달라이 라마, 베트남의 실천적 불교 승려 틱낫한 같은 존경받는 수행자들이 강연과 워크숍으로 영적 수행법을 널리 알렸습니다. 틱낫한은 프랑스에 플럼 빌리지(자두 마을)라는 수행 공동체를 만들어 종교를 떠나 누구나 참여할 수 있는 생활 수행 프로그램을 운영하는 것으로 유명합니다. 우리나라의 숭산 스님도 서구 세계에 많은 제자를 길러냈습니다.

동양의 구루에게 법을 전수받은 서구 세계의 수행자들도 등장하고 있습니다. 독일의 에크하르트 톨레를 비롯해 태국의 아잔 차에게 사사한 미국의 저명한 불교 수행자 잭 콘필드, 티베트 불교의 서구 불제자 프랑스의 마티유 리카르, 영국의 수행승 아잔 브람 같은 이들의 책이 널리 읽힙니다. 서구의 명문 대학을 졸업한 지성인인 이들은 서구의 언어로 명상 체험을 명쾌하게 풀어내고, 명상 센터를 열어 수행 모임을 이끌며, 대중 강연과 워크숍을 통해 동양의 지혜를 설파합니다. 참된 자아를 찾고, 지금 이 순간을 살며, 행복해지라고 말합니다. 폭주하는 기관차인 서구 문명 사회의 대안은 정신 문명이며, 명상을 통해 새로운 세계를 만들 수 있다고 전합니다.

명상이 널리 보급되자 명상에 대한 심리학적, 의학적, 과학적인 연구도 늘었습니다. 명상이 스트레스를 완화하고, 심신의 이완을 가져다주며, 질병을 치료하고, 학생들의 학습 능력을 증진하는 데 도움을 준다는 연구 결과들이 쏟아져 나왔습니다. 이런 추세와 함께 명상을 실용적으로 활용한 프로그램들도 인기를 얻었습니다. 하버드대학교의 허버트 벤슨 교수는 초월 명상의 생리적 효과를 연구해 『이완반응』이라는 책을 저술했으며, 그의 이완 반응 명상은 심장병 환자 등의 치료법으로 활용되었습니다.

매사추세츠대학교의 스트레스완화치료소 존 카밧진 교수는 1970년대 말 불교의 위파사나 명상을 서구 사회에 맞게 응용한 MBSR Mindfulness Based Stress Reduction 프로그램을 개발해 환자를 치료하며 명성을 얻었습니다. 8주간의 MBSR 프로그램은 비판하고 판단하지 않고, 지금 이 순간에 일어나는 생각, 감정, 느낌 등을 수동적으로 바라보는 명상법으로, 나 자신과 나의 생각, 감정, 느낌을 분리해 바로 지금 이 순간 참된 나로 머무는 훈련법입니다.

스트레스는 감기부터 암에 이르기까지 질병의 증상을 악화합니다. 명상을 통해 스트레스를 완화하는 것이 질병 치료에 도움을 준다는 사실이 뇌에 대한 연구와 실험을 통해 증명되었습니다. 이 프로그램은 전 세계 250개가 넘는 의료 기관에서 교육하고 있습니다.

우리나라는 1980년대부터 명상이 대중화되기 시작했습니다. 인도 수행자들의 서적이 출판되고 널리 읽히면서 유행을 탔습니다. 저항 시인에서 생명 시인이자 사상가로 거듭난 김지하와 도올 김용옥 같은 대중 철학자의 저술과 강연이 동양 사상에 대한 관심을 증폭하기도 했습니다. 민족주의적 성향이 강한 선도 수련 단체들도 급성장했습니다. 건강과 미용을 위한 수련법으로 요가를 찾는 사람도 늘어 각종 요가 단체와 학원이 생겼습니다. 2002년 월드컵을 맞아 외국인들을 위한 문화 체험의 하나로 출발한 템플 스테이도 일반인의 휴식과 치유를 위한 명상 수행 프로그램으로 자리 잡았습니다. 전국 사찰에서 불교 수행법을 전파하며 대중화에 나서고 있습니다.

종교 단체나 수련 단체가 아닌 의사와 기자 출신의 리더가 만든 명상 센터도 생겼습니다. 정신과 의사 이시형 박사의 '힐리언스 선마을'에서는 건강한 마음 습관의 방법으로 명상을 교육합니다. 기자 출신 고도원은 명상 센터 '깊은 산속 옹달샘'을 만들어, '아침 편지'라는 이메일 수신자 커뮤니티의 마음 수행과 교육 문화 공간으로 사용하고 있습니다. 스타 멘토들도 등장해 대중 매체를 통해 힐링을 권합니다. '다 괜찮다'고 위로하고 격려하며 가슴을 쓰다듬는 명상을 안내합니다.

하지만 명상이 돈벌이 수단이 되고, 수행 단체 지도자의 비리 행위가 드러나기도 합니다. 명상에 빠져 생활을 포기하고 현실에서 도피하는 사람도 생깁니다. 명상을 바르게 행하지 못했기 때문입니다.

## 명상하는 마음은

명상은 본래 종교 수도자들이 절대자, 절대 세계와의 신비적인 합일 체험의 방법으로 비밀리에 전수해온 것이라 했습니다. 자기를 버리고, 내면의 신성으로 살기 위한 방법이었습니다. 지금도 이를 실천하는 많은 성자와 수행자가 있습니다. 하지만 명상의 심리적, 의학적, 교육적 효과가 실험과 연구를 통해 알려지면서 명상은 세속화되고 대중화되었습니다. 민주주의의 확대와 부의 증대가 질 좋은 삶에 대한 욕구를 낳고, 이 욕구가 명상을 새롭게 발견했습니다. 오늘날 분명 명상은 병의 예방과 치료, 건강 증진, 학습 능력 향상, 업무 효율 증대, 자아능력 개발이라는 실용적 목적 달성의 수단으로도 쓰이고 있습니다.

실용적으로 잘 쓰인다면 그것도 좋은 일입니다. 다만 경쟁력 증대와 성공이라는 이기적인 목적을 위해 훈련한다면 참된 명상의 길로 들어설 수 없습니다. 결국 명상은 자아를 버림으로써 참된 자아를 되찾는 방법이기 때문입니다. 참된 자아는 이타적인 자아입니다. 개전일여個全一如라는 말이 있습니다. 개인과 전체가 하나라는 뜻입니다. 전체와 연결되어, 전체의 빛을 나누어 지닐 때 참나로서 행복할 수 있습니다.

현대 산업 문명을 대신할 새로운 삶의 양식에 대한 모색이 활발합니다. 명상적인 삶도 대안적인 삶의 한 방법이 될 수 있습니다. 명상적인 삶은 욕망을 덜어내는 삶이며, 욕망이 만들어낸 쓰레기를 치워 정화할 수 있는 삶입니다. 명상하는 마음은 대상과 깊이 공감하는 시인의 마음이며, 생태적인 마음입니다. 모든 것에 내재한 영성을 보며, 타자에 대한 존중과 일체감을 느끼는 마음입니다. 환경 파괴, 종교 갈등, 인간성 황폐화, 전쟁 등 많은 문제에 답을 제시합니다. 명상하는 마음은 이렇게 말합니다.

"나는 귀하고 아름답습니다. 영성과 불성, 참나라고 부를 수 있는 것이 이미 내 안에 있습니다. 당신도 귀하고 아름답습니다. 당신에게도 그것이 있기 때문입니다. 우리 거짓 나를 벗어버리고 참나로 살아갑시다. 헛것이 지배하는 세상에서 명료한 의식으로, 사랑의 마음으로, 지금 여기에서 더불어 존재합시다. 지금 여기의 구체적인 현실 속에서 우리가 더 지혜롭고 건강하게 살 수 있는 길이 있습니다. 새로운 삶을 시작할 방법이 있습니다."

명상은 맑은 마음, 명료한 정신으로 꿈꾸는 일이기도 합니다. 존 레넌의 노래처럼요..

천국은 없다고 상상해봐요. Imagine there's no heaven

해보면 쉬운 일이죠. It's easy if you try

지옥 또한 없다고 No hell below us

오직 푸른 저 하늘만 Above us only sky

이 모든 사람이 Imagine all the people

오늘을 위해 사는 세상. Living for today

국경이 없다고 상상해봐요. Imagine there's no countries

어렵지 않아요. It isn't hard to do

서로 죽일 일도 없고 Nothing to kill or die for

종교 역시 없는 세상. No religion too

이 모든 사람이 Imagine all the people

평화롭게 살아가는 Living life in peace

꿈을 꾼다고 하겠지만 You may say I'm a dreamer

혼자만의 꿈은 아니죠. But I'm not the only one

언젠간 당신도 함께하겠죠. I hope some day you'll join us

하나 되는 세상을. And the world will live as one

내 것이 없다고 상상해봐요. Imagine no possesions

할 수 있을 거예요. I wonder if you can

탐욕과 궁핍도 없고 No need for greed or hunger

인류애만 넘치는 A brotherhood of man

모든 사람이 Imagine all the people

그런 세상을 나누어가죠. Sharing all the world

-〈이매진〉

# 휴休 + 둘
# 몸에 귀를 기울이면

# 몸 안의 의사

*나는 스승님께*
*지혜의 말씀을 들으러 가는 것이 아닙니다.*
*그분이 구두끈을*
*어떻게 묶고 푸시는지 보러 가는 거지요.*
*-어느 하시드 랍비*

그리스의 섬 코스. 맑고 투명한 지중해의 이 섬은 110킬로미터에 달하는 황금빛 해안이 아름답습니다. 섬의 곳곳에는 싱그러운 녹지대가 펼쳐져 있습니다. 그리고 아스클레피온이라 불리는 고대 그리스의 종합 의료 시설이 있습니다. 아스클레피온은 치유의 신전을 뜻하는 그리스의 보통 명사입니다. 여러분이 기원전 5세기의 어느 날 병이 들어 아프거나 사고로 다쳐서 이 신전을 찾았다면, 몇 주에 걸쳐 진단, 상담, 치유 등 병의 경과에 따라 나누어진 4개의 테라스에 올랐을 것입니다. 그곳에는 간단한 휴식 이외에도 넓은 욕탕에서 하는 목욕, 향수와 오일을 이용한 마사지, 정신과 신체 운동, 고대 정령들의 위로 등 갖가지 치료가 있습니다. 최초의 의사 히포크라테스가 이를 맡았을 것이고요.[1]

히포크라테스는 우리 몸 안에 의사가 있다고 했습니다. 우리 몸을 항상 최적의 상태로 유지하고자 하는 힘, 자연 치유력이 곧 몸 안의 의사입니다. 우리 몸은 스스로 병을 예방하고 치료합니다. 의사는 이를 돕는 사람이지요. 몸 안의 의사가 고치지 못하는 병은 어떤 명의도 고칠 수 없습니다. 아스클레피온의 치료 행위는 자연 치유력을 높여 사람을 살리는 것이었습니다. 히포크라테스는 기초적인 생약, 신선한 공기, 햇빛, 운동, 마사지, 음악 등을 이용한 자연 요법으로 환자를 돌보았습니다.

건강에 관심이 높습니다. 건강하다는 것은 자연 치유력이 잘 작동하는 상태입니다. 사람의 자연 수명은 120세라고 합니다. 자연 수명은 질병이나 부상이 없는 경우 살 수 있는 가상 수명입니다. 그때까지는 살 수 있도록 설계되어 있다는 뜻이죠. 고등 동물은 성장기의 5배를 산다고 합니다. 사람의 성장기를 24세까지로 보면 5배인 120세까지는 살 수 있다는 계산이 나옵니다.[2] 하지만 자연 수명만큼 사는 사람은 드뭅니다.

우리나라 사람의 평균 수명은 80세가량까지 늘었습니다. 평균 수명에는 질병으로 정상적인 삶을 꾸리지 못하는 경우가 포함되어 있는데, 이를 제외한 건강 수명은 70세 정도 됩니다. 평균 10년 정도는 앓다가 죽는다는 뜻입니다. 의사들은 현대인 중 건강한 사람은 극히 일부이고, 환자도 극히 일부이며, 대다수는 미병未病 상태라고 말합니다. 병은 없지만 건강하지 않은 상태가 대부분이라는 뜻이죠.

건강한 사람은 어떤 사람일까요? 자연 건강법을 연구하고 있는 재야의 자연 의학도는 병원에 가지 않고 간단히 건강을 진단할 수 있는 방법을 다음과 같이 재미있게 제시하고 있습니다. 먼저 건강한 사람은 입 안에 침이 많습니다. 단침이 많이 고이는 것입니다. 살아 있다, 생명력이 왕성하다는 뜻을 가진 한자어 활活을 파자하면 혀舌에 물氵이 있다는 뜻입니다. 혀에 물, 즉 침이 많으면 건강합니다. 아기들은 침이 많습니다. 입 밖으로 흘러넘치기도 합니다. 근심 걱정이 없고 건강하기 때문입니다.

또 건강한 사람은 자고 일어나면 저절로 기지개를 켭니다. 잠을 푹 잤기 때문입니다. 잠을 잘 자면 기운이 단전에 쌓입니다. 단전에서 넘쳐나는 에너지가 사지로 뻗치는 것이 기지개입니다. 그래서 기지개를

'기가 사지로 열린다' 는 말로 풀기도 합니다. 아기들은 자고 나면 틀림없이 기지개를 켭니다. 하지만 성인들은 자고 나서 기지개를 켜는 경우가 드뭅니다. 생명력이 저하되었기 때문입니다.

마지막으로 건강한 사람은 부드럽습니다. 『도덕경』에 죽은 것은 딱딱하고 살아 있는 것은 부드럽다는 말이 있습니다. 기혈 순환이 잘되고 건강한 사람은 부드럽습니다. 몸이 유연할 뿐 아니라 마음도 부드럽습니다. 몸도 마음도 굳어 있다면 건강하지 않다고 봐야 합니다.

통합 의학의 권위자인 전세일 박사는 건강하기 위해서는 5가지를 잘하면 된다고 말했습니다. 이른바 건강 오정법五正法입니다. 정식(正食: 제대로 먹기), 정동(正動: 제대로 움직이기), 정식(正息: 제대로 숨쉬기), 정면(正眠: 제대로 자기), 정심(正心: 제대로 마음 쓰기)입니다. 이는 자연 생활 습관이라고 할 수 있습니다. 건강의 비결은 평범한 생활 속에 있습니다.

사람은 자연의 일부입니다. 인간은 자연에 적응하며 살아왔습니다. 건강한 생활이란 자연을 거스르지 않는 생활입니다. 하지만 인간의 생활 습관은 최근 크게 바뀌었습니다. 자연에서 아주 멀어진 생활입니다. 육체노동보다 정신노동이 많아졌습니다. 그리고 정신적 스트레스가 매우 높습니다. 잠은 늘 부족합니다. 오염된 물과 공기를 마시고, 컴퓨터 · 휴대전화 · 텔레비전이 뿜어대는 전자파를 마십니다. 화학 첨가물이 가득 든 가공 식품을 먹습니다. 새로운 환경에 적응하는 데는 긴 시간이 필요합니다. 하지만 우리 몸은 선사 시대 선조들의 몸과 크게 다르지 않습니다.

잘 먹고 잘 움직이고 잘 자고 잘 숨 쉬며 마음을 잘 다스리면 건강할 수 있습니다. 참 건강은 나답게 살아가는 데 도움을 줍니다. 이는 모두 우리가 본래부터 해왔던 자연생활입니다. 원시적인 생활로 돌아갈 수는 없지만, 자연에 가까워지는 생활, 본래의 나로 잘 쉬며 살아가는 생활법을 나누어봅니다.

# 마음을 먹자

*가장 적은 욕심을 갖고 있기 때문에*
*나는 신에 가까운 것이다.*
*—소크라테스*

"우리가 먹는 것이 곧 우리 자신이 된다"라고 히포크라테스는 말했습니다. 한의학에서는 식약동원食藥同原이라고 말합니다. 음식이 곧 약이라는 뜻입니다. 음식은 우리의 몸을 만들 뿐 아니라 우리 마음에도 영향을 줍니다. 자연 생활의 첫 번째, 잘 먹는다는 것은 무엇일까요? 먼저 수행자들 이야기부터 해보겠습니다.

부처와 제자들은 농사를 짓거나 장사를 하거나 물건 만드는 일을 하지 않았습니다. 한마디로 생업에 종사하지 않았지요. 대신 탁발을 해서 먹을거리를 해결하고, 옷과 집도 기부받은 것으로 해결했습니다. 탁발은 수행자들의 생계유지 수단이었습니다. 음식을 얻어먹은 것이죠. 부처의 가르침을 원형대로 보존하고 있다고 말하는 남방 불교에서는 지금도 탁발을 합니다. 오전 시간에 탁발을 나가며, 맨발로 다닙니다. 신자들이 음식을 얻기 위해 고생한 것을 맨발로 느껴보라는 뜻입니다. 아침과 점심을 얻어온 음식으로 먹고 오후에는 불식不食합니다. 얻어온 음식을 먹기 때문에 고기도 섞여 있습니다. 밥과 야채, 과일, 생선, 고기를 두루 먹습니다. 오후에는 아무것도 안 먹는 것은 아니고, 간단한 과일 주스나 꿀물을 마신다고 합니다.[3] 밥과 반찬 대신 먹는 것이죠.

부처와 제자들이 탁발해서 음식을 먹은 이유는 음식을 탐하지 않고 주어진 대로 감사하기 위해서입니다. 생계보다 수행에 전념하기 위해서이기도 하겠지만, 그렇게 마음을 다스리고자 했던 것이 더 큰 이유입니다. 쓸모없는 것은 아무것도 없고, 모든 것은 주어진 것입니다. 내가 먹는 것과 네가 먹는 것이 다르지 않고 공평합니다. 거기에서 평화가 나오는 것입니다. 평화平和라는 말에는 벼禾, 즉 밥을 먹는 데口 공평하다平는 뜻이 담겨 있습니다. 불교에서는 육식을 금지합니다. 고기를 먹으면 자비심이 끊어진다고 보았기 때문입니다. 고기는 가급적 먹지 않는 것이 좋다고 생각하지만, 채식만을 고집할 필요도 없어 보입니다. 하지만 고기를 생산하는 데 들어가는 에너지와 고기 생산 방식 등을 생각하면 가급적 적게 먹고 고기를 대신할 음식을 찾는 것이 좋다는 생각이 듭니다.

"예는 음식에서 시작된다"라고 『예기』는 말합니다. 공자는 식사에 까다로웠다고 합니다. 밥상은 화려하지 않지만 정갈하게 차려야 했습니다. 밥상 위에는 잡곡밥과 고기, 채소, 탕 등을 질서정연하게 놓습니다. 식사 전에는 먼저 음식 중 한 가지를 정성스럽게 들어 상 한 귀퉁이에 내려놓습니다. 자연과 선조에게 감사하는 의식입니다. 그리고 식사를 합니다. 의식을 치르듯 엄숙합니다.[4] 공자는 공동체의 질서를 회복하고자 노력했습니다. 나를 닦아 가정을 다스리고, 그 마음을 사회와 천하로 펴고자 했습니다. 마음이 외부로 표현되는 예를 잘 갖추어야 했습니다. 하지만 그것만이 아닙니다. 거친 밥에 물 마시고 팔 굽혀 베개를 삼으니 즐거움은 그곳에 있다는 안빈낙도安貧樂道의 가르침도 폈습니다.

선비들은 안빈낙도하는 삶을 최고로 삼았습니다. 배부르고 편안한 삶보다, 검소하고 소박하면서도 의기義氣와 인자함을 잃지 않기 위해 노력했습니다. 밥상에도 예절이 있습니다. 형식이 아닙니다. 어떤 음식도 내가 만든 것은 없습니다. 먼저 자연이 만들었습니다. 자연이 만든 것을 밥상으로 가져오기까지 많은 사람이 참여합니다. 조리하는 데 쓰는 전기와 가스도 내가 만든 것이 아닙니다. 그릇도 마찬가지죠. 이 모든 것에 감사하는 마음으로 예를 표하는 것이 필요합니다. 음식은 함부로 먹고 때우는 것이 아닙니다. 소박하게 먹더라도 마찬가지입니다.

도교의 도사나 선인은 비워야 채워진다고 보았습니다. 그래서 단식을 했습니다. 단식으로 비우면 기가 오히려 채워진다는 것입니다. 단식에는 일정 기간 곡식을 먹지 않고 과일, 채소, 비소나 수은, 납 같은 광물을 조금씩 먹는 것(소식), 아침저녁으로 물 한 잔만 마시는 것(반단식), 결가부좌 자세로 앉아 아무것도 먹지 않는 것(단식) 세 가지가 있었습니다.

도인들은 우주에는 선천기와 후천기가 있다고 보았습니다. 선천기는 원기로 만물의 근원이 되는 기입니다. 후천기는 음식, 호흡, 햇빛으로 공급되는 기입니다. 인간은 두 가지 기를 다 가지고 있습니다. 선천기는 식욕과 성욕 같은 육신의 욕망을 채우는 데 급급하거나 나쁜 생각과 잡념을 많이 지니면 빠져나갑니다. 그래서 선천기를 잘 보존하고 키우기 위해 오히려 음식을 먹지 않았던 것입니다. 소식이나 단식이 기를 보존하는 데 더 효과적이라고 본 것이죠. 대신 단전 호흡이나 도인 체조를 통해 우주의 기를 받아 에너지를 보충했습니다.

보통 수행이 깊어지면 자연스럽게 채식을 즐기게 되고, 식사의 횟수와 양도 줄어든다고 합니다. 도인들은 깊은 산속에 살았습니다. 그래서 산야초나 특별한 열매를 많이 먹었습니다. 그리고 음식을 불에 익히지 않고 날것으로 생식을 했습니다. 한약으로 쓰고 있는 대부분의 약재들이 산속 수행자들이 찾아내고 개발한 것이라고 합니다.[5] 햇빛과 이슬과 맑은 공기, 산속의 산야초와 과실을 먹고 도인들은 장수했습니다. 그리고 무엇보다 세속적인 욕망에서 자유로워졌습니다. 도인들의 섭생법은 오늘날 많이 활용되고 있습니다. 각종 단식법과 식이 요법, 호흡법과 운동법이 이들에게서 나왔습니다. 모두 욕망을 잘 조절하고 참 건강을 찾기 위한 방법입니다.

『성경』에는 "무엇을 먹고 마시며 살아갈까, 몸에는 무엇을 걸칠까, 걱정하지 말라. 공중의 새들을 보아라. 씨를 뿌리거나 거두거나 곳간에 모아들이지 않아도 하늘에 계신 하나님이 먹여주신다. 너희는 새보다 귀하다. 누가 걱정한다고 목숨을 한 시간인들 더 늘릴 수 있느냐. 들의 들꽃을 보아라. 수고하고 길쌈하지 않는다. 하지만 세상 누구도 이 꽃 한 송이만큼 화려하게 차려입지 못했다. 들꽃도 이렇게 입

히시는데 너희 사람은 말해 무엇하랴. 그러므로 무엇을 먹을까, 무엇을 마실까, 무엇을 입을까 걱정하지 말라. 너희는 오직 하나님이 의롭게 여기는 일을 구하라. 내일 일은 걱정하지 말라. 내일 일은 내일에 맡겨라"라는 말이 있습니다. 「마태복음」에 나오는 구절을 요약한 것입니다.

이 아름다운 말에 먹는 것에 대한 예수와 제자들의 뜻이 담겨 있습니다. 그들은 빵 한 조각, 포도주 한 잔에 담긴 하느님의 섬세한 돌봄을 깨달으려 노력했습니다. 예수는 죄인들과 비천한 자들과 함께 음식을 먹었습니다. 이를 보고 비판하는 사람들에게 "사람 밖에서 사람 안으로 들어가 더럽힐 수 있는 것은 없다, 사람에게서 나오는 것이 사람을 더럽힌다"라고 일갈했습니다. 무엇을 먹는지가 아니라 그걸 먹고 어떤 행동을 하는가가 더 중요하다고 본 것입니다.

감사한 마음으로 하늘에 맡기고 걱정하지 않는 것이 이들의 식사법입니다. 수도자들은 청빈하게 살았지만 세속적인 음식을 멀리하지 않았습니다. 수도원에는 포도주와 빵과 고기가 흔했다고 합니다. 빵은 그리스도의 육신으로 하늘에서 내린 음식이었고, 포도주는 그리스도의 피를 상징했습니다. 미사에서도 사용했고, 즐겨 마셨습니다. 야채와 생선, 고기 요리도 다양하게 먹었습니다. 다만 그 안에 담긴 하늘

마음을 느끼면서 감사한 마음으로 먹었습니다.

동학에는 이천식천以天食天이라는 말이 있습니다. 하늘이 하늘을 먹는다는 뜻입니다. 모든 생명체들은 먹고 먹히며 생명을 이어갑니다. 식물은 외부의 무기물을 섭취해 광합성으로 유기물을 만들어냅니다. 땅속 양분과 물, 햇빛으로 살아가는 거죠. 식물을 동물이 먹고, 동물을 다른 동물이 먹으며 삽니다. 동물의 배설물과 사체에서 유기질과 무기질이 생겨나 식물이 다시 섭취합니다. 해월 최시형은 "세상 모든 일을 아는 것은 밥 한 그릇 먹는 것에 있다"라고까지 말합니다. 그래서 밥해 먹이는 아녀자들을 매우 귀하게 여겼습니다. 동학도들은 밥을 먹을 때 먹을거리를 제공하는 하늘에 감사해야 한다고 생각했습니다. 음식을 준비하는 사람, 먹는 사람, 치우는 사람 모두 하늘을 대하듯이 정성을 다해야 하는 것이었습니다.

수행자들의 이야기를 길게 한 까닭은 잘 먹는 것이 자연 건강 생활에서 매우 중요하기 때문입니다. 수행자들의 식사법에는 공통점이 있습니다. 바로 감사한 마음으로 먹는 것입니다. 내가 만들어 먹거나 내가 사 먹는 것 같지만 음식은 모두 주어지는 것입니다. 나는 얻어먹는 사람입니다. 그러니 감사하게 먹고, 혼자 많이 먹지 말고 나누어 먹어야 합니다. 거기에서 세상의 평화가 시작됩니다. 세상의 평화에 나의 평화가 깃들고요. 몸과 마음이 둘이 아니듯 음식 먹기와 마음 수행도 둘이 아닙니다. 좋은 음식을 먹는 것도 중요하지만 좋은 마음을 먹는 것은 더 중요합니다. 마음도 음식처럼 먹는 것이니까요. '마음먹는다'는 말 그대로입니다. 게다가 우리는 음식보다 자주 마음을 먹습니다.

음식에 대한 정보가 넘쳐납니다. 뭐가 좋은지 나쁜지 의견이 갈리기도 합니다. 채식이 좋다 아니다, 우유를 먹어야 한다 아니다, 단식이 좋다 아니다 등. 한 가지 재미있는 사실은 수행자들의 음식이 모두 자연식이라는 것입니다. 농약이나 비료를 치지 않고 만든 음식이며, 항생제와 성장 촉진제로 키운 고기가 아닙니다. 지금처럼 오염된 공기와 물을 마시지도 않았습니다. 철에 따라 나는 것을 먹었지 철 없는 음식을 언제나 먹을 수 있는 것도 아니었습니다. 항상 넘치게 먹을 수도 없었습니다. 먹는 것 자체가 매우 힘든 시절이었습니다. 조금 먹을 수밖에 없었습니다. 요즘은 넘쳐서 탈인 시대입니다.

너무 많고 흔히 먹지만 피해야 할 음식이 있습니다. 착색제, 유연제, 색소 등 각종 화학 첨가물이 든 가공 식품과 패스트푸드입니다. 음식은 마음에도 영향을 미칩니다. 청소년들의 주의력 결핍, 과잉 행동 장애 같은 정신 질환이 이런 음식 아닌 음식에서 기인한다는 연구 결과가 많이 나오고 있습니다. 흰쌀, 흰 밀가루, 흰 설탕도 가급적 피

©표정

하는 게 좋습니다. 이 3백白 식품으로 만든 가공 식품도 피하는 게 좋습니다. 대신 현미 잡곡밥, 채소, 과일, 견과류, 해조류를 많이 드세요. 현미와 흰쌀을 물에 불려두면 현미는 싹이 나지만 흰쌀은 그렇지 않습니다.

현미는 살아 있는 음식입니다. 현미에는 섬유질과 비타민이 풍부합니다. 식이 섬유는 장 속 좋은 균의 먹이가 되고 음식물 찌꺼기를 배출하는 데 도움을 줍니다. 현미에다 잡곡과 콩을 섞어 먹으면 단백질과 미네랄 등 여러 가지 영양소를 골고루 섭취하게 됩니다. 채소나 과일에 담긴 식이 섬유도 장내 노폐물과 독소 배출 작용을 합니다. 견과류는 일주일에 두세 번 정도 한 주먹씩 먹으면 좋습니다. 견과류에 담긴 식물성 지방과 비타민은 성인병을 예방하고, 어린이의 두뇌 발달에 도움이 됩니다. 해조류는 비타민과 미네랄이 풍부하고, 항산화 효과가 뛰어나 노화나 성인병 예방에 크게 도움이 되는 것으로 알려져 있습니다.

하지만 무엇을 먹느냐보다 어떻게 먹느냐가 중요합니다. 먼저 감사한 마음으로 먹습니다. 가장 중요합니다. 감사한 마음으로 먹는 음식은 맛도 있고, 소화도 잘됩니다. 약이 되어 우리 몸 구석구석에 전달됩니다. 마음먹기에 따라 가짜 약도 효과를 보는데, 먹는 음식은 말할 것도 없습니다. 다음으로 제철에 먹습니다. 우리 몸은 수백만 년 동안 제철 음식에 적응해왔습니다. 제철 음식은 가격도 쌉니다. 그리고 통째로 먹습니다. 곡식, 과일, 채소 모두 그렇습니다. 현미나 통 밀가루를 먹어야 합니다. 채소는 적게 다듬어서 먹고, 과일도 껍질째 먹는 것이 좋습니다.

또 조리를 적게 해서 먹습니다. 조리를 적게 하면 영양분의 파괴도 막고, 조리하는 시간을 줄이며, 설거지도 간단합니다. 그 시간에 더 쉴 수 있습니다.[6] 다음으로 적당히, 천천히 먹습니다. 너무 많거나 적게 먹어도 탈이 납니다. 약간 부족한 듯 먹고, 천천히 오래오래 씹어 먹으면 소화에도 무리가 없습니다. 마지막으로 직접 만들어 먹습니다. 매번 이렇게 하기 힘들겠지만 가급적 해보시길 권합니다. 음식의 고마움을 알고, 음식을 만드는 수고를 알고, 음식이 얼마나 맛있는지 알게 됩니다. 음식을 먹는 행복을 누릴 수 있습니다.

# 일상생활이라는 운동

*그대는 잔이나 그릇을 씻을 때*
*갓 태어난 아기 부처님을*
*목욕시키듯이 할 수 있나요?*
*-틱낫한*

운동법이 많이 나와 있습니다. 헬스, 수영, 걷기, 등산, 기공과 요가 등. 시간을 따로 내서 운동하는 것도 필요하지만 우선은 생활 속에서 몸을 많이 움직이는 게 좋습니다. 평소의 신체 활동을 운동으로 삼는 것입니다. 일상생활은 그 자체가 운동입니다. 조금씩 토막 시간을 내서 자주 하는 운동인 것입니다. 미국과 일본의 적정 운동 권고도 매일 꾸준히 중 · 고강도 운동을 20~60분 하는 것에서, 평소 신체 활동을 자주 해서 운동 총량을 맞추는 것으로 바뀌었다고 합니다. 운동하기가 매우 어렵기 때문입니다. 운동은 해야 운동입니다. 안 하면 좋은 운동법도 소용이 없습니다.

일상생활 중에서도 집안일이 가장 중요합니다. 오른쪽 팔목을 다쳐 한 달간 왼손으로만 집안일을 한 적이 있습니다. 중노동이었습니다. 설거지, 청소, 빨래 등 집안일은 운동량이 매우 많고, 시간을 따로 내지 않아도 되며, 살림에도 보탬이 됩니다. 운동 배우러 다닌다고 따로 돈과 시간을 쓰지 않으니 경제적인 것입니다. 여기에다 가족들이 고마워하니 금상첨화입니다. 집안일을 잘하면 건강에도 좋고, 기분도 좋고, 사랑받습니다. 저축해서 사랑하는 사람에게 선물을 할 수도 있습니다. 행복의 지름길입니다.

다음은 걷기. 계단이든 평지든 걸어 다니는 것이 좋습니다. 출퇴근길, 점심 식사하러 식당으로 오갈 때, 놀러갈 때 자주 걸으세요. 아침이나 저녁에 잠시 짬을 내 가족들의 손을 잡고 동네 한 바퀴를 걸을 수 있다면 대단한 행운아입니다. 건강에도 좋고 가족들의 사랑도 커집니다. 산책하며 나누는 이야기 속에서 상처가 아물고, 좋은 생각이 떠오르기도 합니다. 혼자 산책 가는 것도 좋습니다. 특히 고민이 많을 때는 걸어보세요. 좋은 해결책이 나올 가능성이 높아집니다. 집 주변에 숲이 있다면 정말 부러운 일입니다. 주말에 숲으로 가서 걸어보세요.

숲은 공기를 만들고, 바깥과 다른 기후를 만듭니다. 주변과 온도도 다릅니다. 안에는 건강에 좋은 물질이 많습니다. 상쾌하고 신선합니다. 숲 속에서는 좀 많이 걷고 땀을 내도 좋습니다. 피곤이 덜합니다. 신진대사도 활발해지고요.

다음은 바른 자세. 자세를 바르게 하는 것만으로도 좋은 운동이 됩니다. 반듯한 자세를 유지할 때 기초 대사량이 20퍼센트 증가한다고 합니다. 이는 달리기 1시간에 해당하는 운동량입니다. 바른 자세는 척추가 S자 모양이 되게 서거나 앉는 것입니다. 가슴을 펴고, 아랫배는 넣고, 턱을 당깁니다. 어깨에 힘을 빼고 미소 짓는 것도 잊지 마세요. 척추가 펴지면 속이 넓어집니다. 반대로 척추가 구부정하면 속이 좁아집니다. 등이 굽고 목이 앞으로 빠지면 척추가 눌리고 호흡이 잘 되지 않습니다.

한의학에서는 우리 몸의 장부들이 성정을 담고 있다고 봅니다. 간에서는 인자함이, 심장에서는 사랑과 예가, 위장에서는 믿음이, 폐에서는 의리가, 신장에서는 지혜가 나온다고 합니다. 인의예지신이라는 성정이 장부와 연결되어 있는 것이죠. 자세가 틀어지면 간에서는 인자한 마음보다 분노와 답답함이 나옵니다. 심장은 마음대로 뛸 수 없으니 답답하고요. 답답한 심장에서는 사랑과 예가 사라집니다. 폐는

눌려서 호흡이 안 되니 비관적이고 슬픈 감정이 생깁니다. 위장은 공간 확보가 되지 않아 음식을 부수고 삭히는 작업이 안 됩니다. 힘이 빠진 위장에서는 의심과 근심이 나옵니다. 신장도 굳어 피가 잘 돌지 않아 탁해지고 혈관이 막힙니다. 지혜가 나오지 않고 두려움과 공포가 생깁니다.[7] 바른 자세는 건강에도 좋지만 사람을 사람답게 만듭니다.

바른 자세는 명상할 때 자세와 같습니다. 허리를 펴고 턱은 당기며 얼굴에는 미소를 짓는 것이죠. 이 자세를 취해야 명상의 기본인 호흡이 잘되고 마음가짐이 바르게 됩니다. 그러니 집에서나 회사에서나 지하철에서나 틈틈이 명상을 하세요. 그러면 바른 자세로 운동하는 셈이니 몸과 마음을 동시에 다스릴 수 있습니다.

일상생활 운동 외에 기체조와 요가, 헬스도 많이 합니다. 무엇이 좋고 무엇이 나쁘다고 하기보다 어떻게 하느냐가 중요합니다. 음식과 마찬가지입니다. 먼저 자신의 몸에 맞게 합니다. 사람마다 모두 몸 상태가 다릅니다. 같은 동작이라도 쉽게 할 수 있는 사람이 있고, 그렇지 못한 사람도 있습니다. 다른 사람이 한다고 따라하려다 보면 근육이 늘어나거나 관절에 무리가 갈 수 있습니다. 자신의 몸에 맞게 편안하게 할 수 있는 만큼만 하는 게 중요합니다. 꾸준히 하다보면 몸이 부드러워져서 동작이 잘됩니다.

다음으로 좌우 균형을 맞춰가며 합니다. 사람의 신체는 좌우 대칭입니다. 좌우 동작을 고르게 하면 좌우 생명력의 흐름이 균형을 이루게 됩니다. 다음으로 마음을 담아서 합니다. 마음이 가는 곳으로 생명력이 흐릅니다. 동작에 따라 자극이 오는 부위에 따뜻한 마음, 사랑하는 마음을 보내주면 운동 효과는 더욱 커집니다. 다음으로 즐겁고 행복한 마음으로 합니다. 기분 좋게 미소만 지어도 우리 몸 안에 있는 경락이 활성화되고 기의 흐름이 좋아진다고 합니다. 얼굴에 환한 미소를 짓고 즐겁고 행복한 마음으로 하면 혈액순환과 신진대사에 크게 도움이 됩니다.[8] 마지막으로 너무 열심히 하지 않습니다. 열심히 하는 것도 욕심입니다. 욕심에 지치고 다칩니다.

체온이 1도 내려가면 면역력은 30퍼센트 약해지고, 체온이 1도 올라가면 면역력이 500퍼센트 증가한다고 합니다. 최근 현대인의 체온이 1도 정도 낮아졌다고 합니다. 대부분의 암 환자들은 저체온이라고도 하죠. 몸이 따듯하면 소화와 대사가 활발해지고, 독소를 몸 밖으로 내보내는 자연 치유 반응이 일어납니다. 감기가 들면 몸이 뜨거워지는 것은 이런 반응의 하나입니다. 운동은 체온을 올려줍니다. 마음의 감기라는 스트레스도 운동으로 잡을 수 있습니다. 일상생활이라는 운동을 해보세요. 몸은 건강해지고, 마음은 따뜻해집니다.

# 숨을
# 즐겨라

*행복의 비결은*
*필요한 것을 얼마나 갖고 있는가가 아니라*
*불필요한 것에서*
*얼마나 자유로워져 있는가 하는 것이다.*
*-법정*

살아 있는 사람은 호흡을 합니다. 잠시도 멈출 수 없는 것이 호흡입니다. 음식은 며칠 안 먹어도 살지만 숨은 다릅니다. 단 몇 분이라도 뇌에 산소 공급이 끊기면 의식을 잃습니다. 우리 몸의 신진 대사는 산소를 마시는 것부터 시작됩니다. 숨을 들이마시면 공기가 폐라고 불리는 공기주머니로 들어갑니다. 들이마신 공기 중의 산소는 폐의 폐포막을 통해 모세 혈관으로 들어갑니다. 모세 혈관 내 혈액은 신체 각 부분으로 이동해 세포마다 산소를 공급합니다. 그리고 그와 동시에 혈액은 세포가 만들어낸 탄산가스를 흡수해 폐포로 돌려보냅니다. 탄산가스는 나가는 숨과 함께 밖으로 배출되죠. 폐를 통해 산소를 몸속으로 빨아들이는 과정을 외호흡, 혈액 속의 산소를 체내 조직에 보내 세포가 직접 산소를 빨아들이는 과정을 내호흡이라 부르기도 합니다.

현대인은 산소가 부족한 생활을 합니다. 환기가 잘되지 않는 곳에 많은 사람이 모여 생활합니다. 대기 오염으로 공기 중 산소 농도도 낮아졌습니다. 거대한 인구가 산소를 마시고 탄산가스를 내뱉으니 산소가 부족할 수밖에 없습니다. 공급되는 산소의 농도가 낮은 것도 문제이지만, 산소를 잘 들이마시지 못하는 것도 문제입니다. 숨이 얕은 것입니다. 여기에다 생명력이 약해져 혈액으로 산소가 잘 전달되지 않고, 산소를 운반하는 혈액 속 헤모글로빈도 적습니다. 조직으로 가는 혈류 상태도 나쁩니다. 산소가 있어도 조직이 잘 이용하지 못합니다.[9] 이러니 건강하지 않은 상태일 수밖에 없습니다. 상쾌하고 신선한 공기를 찾아 산으로 들로 나가고 싶지만 시간이 부족합니다. 산과 들도 오염으로 파괴되고 있으니 갈 곳이 점점 없어집니다.

산소 공급을 늘리기 위해서는 자주 산과 들을 찾아야 합니다. 동시에 숨을 잘 쉬어야 합니다. 호흡에는 좋은 호흡과 나쁜 호흡이 있습니다. 좋은 호흡은 깊고, 부드럽고, 풍부합니다. 엄마 품에 안겨 잠을 자는 아기들의 호흡이 그렇습니다.

한의학에서는 호흡을 단순히 공기의 유입으로 보지 않고, 기운이 함께 들어온다고 생각합니다. 공기 가운데 '공'은 폐에서 거두어들이고, 에너지인 '기'는 두 신장에 의지한 단전에 쌓인다고 봅니다. 어린 아이처럼 깊고 편안한 호흡을 할 때, 몸에 필요한 기운이 저장고인 아랫배 깊은 곳의 단전에 그득히 쌓인다고 여깁니다.

아이들의 숨은 깊고 부드럽고 풍부합니다. 새로운 생명체이고 자의식도 약해 근심 걱정이 적기 때문입니다. 하지만 어린 아기가 자라 자의식이 생기고, 사춘기를 거쳐 어른이 되면서 호흡이 점점 위로 뜨게 됩니다. 생각이 많아지고 복잡해진 탓입니다. 아랫배로 쉬던 호흡이 가슴으로 올라와 풍부하게 이루어지지 못합니다. 호흡이 더 올라가 목으로 가면 숨이 가빠집니다. 목에서도 숨이 더 올라가면 목숨을 잃습니다. 호흡의 핵심은 숨을 아래로 내리는 것입니다. 그때 마음도 따라 내려갑니다. 잡생각도 줄어들고요.

좋은 호흡을 하려면 마음이 편해야 합니다. 자율 신경계의 지배를 받으면서도 유일하게 의지의 지배를 받는 것이 호흡입니다. 호흡을 느리게 하면 심장 박동과 뇌파의 사이클도 느려집니다. 정신적 긴장이나 스트레스는 근육의 긴축 상태를 일으킬 뿐 아니라, 모세 혈관의 수축도 불러옵니다. 모세 혈관에서 혈액 순환이 좋지 않으면 세포에 산소를 잘 공급하지 못합니다. 호흡은 나의 마음입니다. 마음이 편안할 때 숨도 편안하게 쉬게 됩니다. 숨을 쉬고 있다는 것을 인식하지 못할 정도로 잘 쉽니다.

마음을 통해 좋은 호흡을 할 수 있지만, 거꾸로 호흡을 통해서 마음을 편안하게 할 수도 있습니다. 시험을 앞두고 긴장될 때, 한숨을 몇 차례 쉬면 가슴이 진정됩니다. 생각과 걱정이 많을 때, 고요히 자신의 호흡을 바라보고 있으면 생각과 걱정이 줄어듭니다. 호흡은 마음을 다스리는 훌륭한 도구이기 때문에 많은 수행자가 호흡을 이용해 마음을 다스려왔습니다.

복식 호흡이 좋지만 갑자기 깊은 호흡을 하려고 하면 잘되지 않습니다. 호흡은 먼저 고르고 잔잔하고 자연스럽게 합니다. 가슴으로 편안하고 자연스럽게 하는 것입니다. 자연스러운 호흡이 자리 잡으면, 깊고 부드럽고 풍부하도록 복식 호흡을 합니다. 복식 호흡도 무리해서 하지 않습니다. 편안한 마음으로 느긋하게 합니다. 잠시도 숨을 멈출 수 없으니 호흡마다 즐거운 마음을 지닙니다. 걸으면서, 서거나 앉거나 누워서, 숨을 느끼고 살아 있다는 사실에 감사하며 즐겨보세요. 숨이라는 신비를.

# 잠은
# 신의 선물

*깨어난 사람 몇 명이*
*세상을 어떻게 바꾸겠느냐고 의심하지 마세요.*
*실제로 세상은*
*오직 그런 사람들을 통해 변해왔습니다.*
*—마거릿 미드*

잠은 신이 내린 선물이라고 합니다. 『성경』「시편」에서는 "여호와께서 그의 사랑하시는 자에게 잠을 주시는도다"라고 읊고 있습니다. 많은 위인이 잠을 사랑했습니다. 영국 수상 처칠은 제2차 세계 대전 와중에도 낮잠을 즐겼습니다. 낮잠을 잔다고 비난하는 사람들을 아둔하다고 공격하기도 했습니다. 무슨 일이든 반나절이면 다 해결할 수 있다고 하면서 말입니다.

잠을 사랑한 가수 존 레넌은 〈나는 잠을 잘 뿐이야I'm only sleeping〉라는 노래를 지었습니다. "모두 내가 게으르다고 여기지만 내가 보기엔 사람들이 미쳤어. 정신없이 뛰어다니지만 결국 그럴 필요가 없다는 걸 알게 되지"라는 내용의 가사입니다. 레넌은 '침대 안에서'라는 정치 이벤트도 했습니다. 일주일 동안 호텔 침대에 잠옷을 입고 누운 채 방문객을 맞아 평화를 이야기하는 것이었습니다.[10]

철학자 데카르트는 평생 독신으로 살았습니다. 그는 소심하고 병약했습니다. 정독한 책이 없을 정도로 공부에도 게을렀습니다. 그런데도 "나는 생각한다, 고로 나는 존재한다"라는 명제와 함께 근대 철학의 아버지로 기억됩니다. 철학뿐 아니라 근대 물리학과 천문학에 지대한 영향을 끼친 수학자이기도 했습니다. 데카르트는 잠을 사랑했습니다. 정오가 되어야 잠자리에서 일어날 정도였습니다. 그리고 공부 대신 난롯가에 하루 종일 붙어 앉아 명상을 즐겼습니다. 데카르트는 『정념론』에서 정신 작용이 일어나는 중심 장소이면서 영혼의 거주지인 뇌 속 송과선의 존재를 밝히기도 했습니다. 송과선은 한국 선도 전통에서 상단전에 해당하는 자리로 하늘 정신이 머무르는 곳입니다.[11]

위인이 되겠다는 마음으로 잠을 억지로 잘 필요는 없지만 잠은 소중합니다. 잠은 우리가 활동하는 동안 평형 상태가 깨진 신체와 뇌를 회복해주며, 신체 활동에 필요한 에너지를 저장하고, 우리가 겪은 경험 중 불필요한 기억을 없애는 역할도 합니다.[12] 아무것도 하지 않으면서 많은 것을 해내는 것이죠. 학습과 잠의 상관 관계를 연구한 실험 결과에 따르면 잠을 충분히 잔 학생들의 성적이 더 좋다는 보고가 있습니다. 의대생들을 두 그룹으로 나누어 전공 서적을 외우게 한 다음 한 그룹은 밤에 깊은 잠을 못 자게 하고, 다른 그룹은 방해 없이 깊은 잠을 자게 했습니다. 그 결과 깊은 잠을 자지 못한 학생들의 성적이 잠을 잘 잔 학생들의 성적보다 현저하게 떨어졌습니다. 잠자는 동안 우리 뇌와 몸에서는 많은 일이 일어납니다.

수면에는 단계가 있습니다. 잠을 자기 시작하면 얕은 수면 상태에 듭니다. 잠이 지속되면 뇌파가 점점 느려지고, 어느 단계가 되면 델타파라 부르는, 진폭이 크고 느린 뇌파 상태에 들어갑니다. 이 수면을 델타 수면 또는 서파 수면slow wave sleep이라고 부릅니다. 서파 수면이란 느린 파동의 수면이라는 뜻입니다. 깊은 잠에 든 상태죠. 여기까지가 비非렘수면REM sleep입니다. 잠이 지속되면 비렘수면은 렘수면 상태로 바뀝니다. 렘수면은 완전히 깊은 잠에 빠진 상태로, 심장이 빨라지고 혈압이 오르며 남성은 발기가 되기도 합니다. 렘수면은 30분쯤 지속되다 다시 서파 수면으로 넘어갑니다. 이렇게 렘수면과 서파 수면이 반복됩니다.

성인은 렘수면이 전체 수면의 20퍼센트, 아기들은 50퍼센트라고 합니다. 렘수면을 잘 취하는 것이 숙면입니다. 사람은 렘수면과 비렘수면의 주기가 4~5번 되풀이되어야 최고의 컨디션을 유지할 수 있다고 합니다. 대부분의 사람들은 잠들고 나서 대략 90분 동안 비렘수면 단계를 거쳐 렘수면에 도달합니다. 렘수면 상태는 30분 정도 지속됩니다. 사람마다 천차만별이겠지만 수면 주기를 대략 계산해보면 하루 8시간 정도는 자야 숙면할 수 있습니다.[13]

요즘에는 밤에 일을 많이 합니다. 놀기도 많이 하고요. 생활이 불규칙해 신체 리듬이 깨지기도 쉽습니다. 특히 스트레스로 깊이 잠들지 못하고 잘 깹니다. 사람 몸에는 시계가 있습니다. 뇌의 시상 하부는 시신경으로 들어온 정보를 기초로 신체 리듬을 조정합니다. 체내 시계를 조정하는 대표적인 인자가 빛입니다. 밤이 되면 자고, 아침에 창으로 빛이 비쳐들면 깨는 것이 우리 몸의 리듬입니다. 리듬이 깨지면 숙면을 취하지 못하고 불면증에 시달리게 됩니다.

한의학에서는 시간대별 경락의 활동이 있다고 말합니다. 밤 11시에서 새벽 3시 사이는 간과 담의 경락이 활성화되는 시간대로 잠을 자는 것이 좋습니다. 『동의보감』에 따르면 잠을 잘 자는 것도 오장육부와 관련이 있습니다. 오장육부에 칠정이 결합되어 있듯이 말이죠. 간기가 성하면 성내는 꿈을 꾸며, 폐기가 성하면 울부짖는 꿈을 꾸며, 심기가 성하면 잘 웃고 두려워하는 꿈을 꾸며, 비기가 성하면 요추가 둘로 끊어져 이어지지 않는 꿈을 꾼다고 합니다.[14] 꿈을 꾼다는 것은 잠을 푹 자지 못한다는 것입니다. 수면 부족은 건강에 치명적입니다.

그럼 어떻게 해야 꿈 없이 푹 잘 수 있을까요? 잠을 푹 자려면 머리가 차가워야 합니다. 머리에 있는 피가 간으로 수렴되어야 하는 것이죠. 간이 피를 불러 모으는 작용이 시원치 않으면, 밤이 되어도 머리에 여전히 피가 돌아다니고, 온갖 망상과 잡념이 날뛰는 것입니다.[15] 그래서 간담의 경락이 활성화되는 시간에는 잠을 자는 것이 좋습니다. 그 시간을 놓치면 잘 자기 어렵습니다.

정리해보면 자연의 리듬에 맞게 어두우면 잠들고 밝으면 깨는 생활을 하는 것이 좋습니다. 이것이 어렵다면, 8시간 정도는 자는 것이 좋습니다. 충분히 자야 한다는 것입니다. 적절한 수면 시간은 사람마다 차이가 있습니다. 너무 짧은 수면과 너무 긴 수면 모두 생체 리듬을 깨뜨리죠. 대략 8시간을 기준으로 내 몸에 맞는 충분한 수면 시간을 찾아야 합니다. 충분히는 사람마다 다르겠지만 우리 몸은 알 수 있습니다. 자고 나면 개운하고 하루 종일 피곤한 기색 없이 기분 좋게 보낼 수 있다면 충분한 잠을 잤다고 볼 수 있습니다. 내게 잠은 얼마가 충분한지, 몸의 말을 잘 들어보세요.

선도에서는 밤 11시에서 새벽 3시 사이에 하늘의 기운을 가장 많이 받는다고 합니다. 이 시간대를 포함해 규칙적으로 자야 합니다. 잠자는 시간만큼 규칙적인 잠도 중요합니다. 충분히 규칙적으로 자면 신체 리듬이 깨지지 않고 행복한 잠을 즐길 수 있습니다.

잠은 창의성을 높여주고, 기억을 정리하고 재배치합니다. 신체의 피로를 풀어주고 에너지를 충전하는 것은 물론입니다. 그 외에도 우리가 모르는 많은 일이 잠 속에서 벌어집니다.

덧붙여 말하면, 짧은 낮잠도 도움이 됩니다. 점심 후 15분 정도 잠을 자면 깊은 잠을 잔 것처럼 피로가 해소되고 머리가 맑아지는 것이 느껴집니다. 5분은 수면 상태로 들어가는 예비 단계이고, 10분 동안 얕은 잠을 자는 것입니다. 이 15분은 부족한 잠을 보충하는 시간이 아니라 두뇌 피로를 씻어내는 시간입니다.

수행을 잘하는 사람은 자면서도 깨어 있다고 합니다. 불면증이 아니라, 잘 때도 망상에 시달리지 않는다는 의미입니다. 명상 상태에서는 알파파나 세타파가 나타납니다. 알파파는 느리고 규칙적인 리듬의 뇌파로 안정된 휴식 상태에서 나옵니다. 세타파는 각성과 깊은 수면 사이의 상태로, 이때 깊은 통찰을 경험하거나 창의적인 생각과 문제

해결 능력이 솟아나는 경우가 많습니다.

잠들기 전 5분 정도 짧은 명상을 하고, 깨어나서도 바로 일어나지 말고 누운 채 잠깐 명상을 해보세요. 잠들기 전 명상을 하면 뇌파가 안정되어 숙면을 취하는 데 도움이 됩니다. 일어나자마자 하는 명상은 하루를 그 파장으로 살아갈 수 있도록 도와줍니다. 매우 평화롭고 창의적인 하루를 보낼 것입니다. 잠은 신의 선물이 틀림없습니다. 잠을 사랑하는 자는 신에게 사랑받는 사람입니다.

# 바꿀 수 있는 것

*진정한 삶은*
*작은 변화들이 일어나는 곳에 존재한다.*
*-톨스토이*

심평기화心平氣和라는 말이 있습니다. 마음이 평화로우면 기운이 조화롭다는 뜻이죠. 안심입명安心立命이라는 말도 있습니다. 마음이 편해야 생명력이 좋아진다는 뜻입니다. 그래서 한의학에서는 이심치병以心治病, 즉 마음으로 병을 다스린다고 합니다.

질병은 영어로 disease입니다. 풀어쓰면 편안함ease에서 벗어난dis 상태를 뜻합니다. 편안함을 회복하면 건강해집니다. 편안함 중에는 마음의 편안함이 으뜸입니다. 예부터 약을 써서 병을 고치는 약의藥醫

보다는 음식의 섭생으로 병을 고치는 식의食醫를 높게 치고, 마음을 다스려 병을 낫게 하는 심의心醫를 가장 윗길로 봤습니다.

심장병이나 암 같은 스트레스 질환의 발생과 특정 타입의 성격이 상관 있다는 주장이 있습니다. 미국 샌프란시스코의 심장병 의사 마이어 프리드먼과 레이 로즈만은 심장병 환자가 몹시 서두르고, 화를 잘 내며, 강한 경쟁심과 높은 성취욕을 보인다는 사실을 발견했습니다. 그들은 이런 성격을 타입 A 라고 불렀습니다. 반면 느긋하고, 화를 잘 내지 않고, 경쟁심도 별로 없는 사람을 타입 B 라고 부릅니다. 이들은 스트레스에 잘 적응합니다. 타입 A는 타입 B에 비해 심장병 발병률이 높습니다.

타입 C도 있습니다. 자기희생이 강하고 결단력이 약하며 우유부단합니다. 부정적인 감정을 잘 표현하지 않고 참는 성격입니다. 착한 사람이지요. 이들에게는 화를 억지로 참아서 생기는 화병이 잘 납니다. 특히 암에 잘 걸립니다. 마지막으로 타입 D 는 분노와 불안 등 불쾌한 감정을 잘 참으며, 다른 사람과 인간관계를 잘 맺지 않고, 소외감을 잘 느끼며 말수가 적습니다. 이들은 뇌졸중과 허혈성 순환기 장애에 취약하다고 합니다. 이 연구는 마음과 질병의 관계를 보여줍니다.[16]

영국 옥스퍼드대학교에서 암을 이긴 사람 400명의 특성을 조사해

본 적이 있습니다. 이들은 치료 결과에 희망적이었고, 스트레스를 피했으며, 자신의 방법대로 영적인 활동을 했다고 합니다. 모두 마음가짐이 달라 병을 극복했던 것입니다.

그렇다면 마음을 편안히 하려면 어떻게 해야 할까요? 방법은 간단합니다. 지금 바로 그런 마음을 지니면 됩니다. 무슨 조건이 충족되어서 그런 마음을 지닐 수 있는 것이 아닙니다. 감사한 마음은 지금 이대로에 감사하는 마음입니다. 감사하는 마음은 편안한 마음이고, 이대로 감사하니 더 바랄 것이 없는 마음입니다. 이 마음이 변화를 이끌어냅니다. 이런 기도문이 있습니다.

"제가 바꿀 수 없는 것을 받아들일 수 있는 평안을 허락하시고, 제가 바꿀 수 있는 것을 바꾸어갈 용기를 주시고, 바꿀 수 있는 것과 바꿀 수 없는 것을 구별할 지혜를 주소서."

이 지혜롭고 엄숙한 기도문은 이런 말로도 풀 수 있지 않을까 싶습니다.

"바꿀 수 없는 것은 어떻게 해도 바꿀 수 없으니 연연하지 말고, 바꿀 수 있는 것은 바꿀 수 있으니 바로 바꾸면 된다. 그렇게 편안한 마음으로 사는 것이 지혜롭다."

내가 보살피고 사랑할 대상을 두는 것도 좋습니다. 나의 건강, 나의

행복 안에 갇혀 있으면 마음이 비좁아지고, 비좁아지면 전전긍긍하게 됩니다. 건강과 행복을 잃을까봐 그렇습니다. 그래서 아무 대가 없이 내가 돌보아야 할 대상을 두고 아낌없는 사랑을 주면, 마음이 편하고 행복해집니다. 이때 내가 불쌍한 대상을 돌보고 지켜주는 게 아니라, 그 또한 나만큼 건강하고 행복할 가치가 있는 존재이며, 그의 본모습대로 살아야 할 존재라는 것을 인지해야 합니다. 그러지 않으면 상대의 기분이 나빠질 수도 있고, 도와주는 것을 고마워하지 않아 내가 서운하기도 합니다.

누구나 참 자아가 있는 귀한 존재입니다. 다만 몸이 불편하거나, 가난해서 치료를 제대로 못 받거나, 누군가의 지지나 도움이 없어 생존이 어려울 뿐인 것이죠. 아직도 세상에는 우리가 일상적으로 누리는 평범한 것들이 없어 생명을 위협받는 사람이 많습니다. 우리는 모두 연결되어 있습니다. 가까운 가족부터 먼 곳의 존재까지 마음을 열고 사랑을 전해보세요. 오른손이 한 일을 왼손이 모르게도 해보세요. 예수의 말씀이 얼마나 심오한지 알게 되고, 하늘의 사랑을 받습니다.

낙관론자는 위기에서도 기회를 보지만, 비관론자는 좋은 기회에서도 위기를 느낀다고 합니다. 마음먹기에 따라 다릅니다. 그러니 지금 바로 마음을 편히 지니세요. 기운이 조화롭게 흐르고 생명력이 강해집니다. 자신이 지금 이 순간 완전하다고 실감하며 그저 하늘에 감사하며 행복하게 지내세요. 자연 치유력이 회복됩니다. 몸 안의 의사가 살아나 질병을 물리고, 아무 조건 없는 선물을 줍니다. 건강한 삶이라는.

# 몸이라는 자연

*우리가 경험했거나 앞으로 겪을 일들은*
*우리 안에 존재하고 있는 것에 비하면*
*아주 사소한 문제일 뿐이다.*
*-랠프 월도 에머슨*

우리 유전자는 자연생활에 맞도록 설계되어 있습니다. 설계대로 하지 않을 때 문제가 생깁니다. 여기에 제시한 자연 건강 생활법을 참고하되, 먼저 자신의 몸을 잘 살펴보세요. 내 몸에 맞는 방법이 있습니다. 우리는 몸을 너무 무시합니다. 생각대로 살려고 하지, 몸이 말하는 것을 귀담아 듣지 않습니다. 그러다 병이 나는 것이지요.

발을 생각해보세요. 항상 낮은 곳에서 몸을 떠받치고 있습니다. 머리가 가라는 대로 걷고 뜁니다. 가장 무거운 짐을 지고 있습니다. 그런데도 더럽고 냄새난다고 무시당합니다. 장수의 비결은 걸어 다닐 수 있느냐 없느냐에 달려 있다고까지 말합니다. 걷지 못하고 앉아 있거나 누워 있어야 한다면 장수하기 어렵습니다. 발에 고마워하고, 발이 말하는 이야기를 귀담아 들어야 합니다.

우리에게는 몸이 하는 말을 들을 수 있는 능력이 있습니다. 우리는 인간이지만 또한 자연입니다. 우주가 다 자연입니다. 우리가 자연이 아니라면 얼마나 고독할까요. 자연 속에서 비자연으로 살기는 얼마나 고될까요. 우리가 자연이라는 사실은 복된 일입니다. 자연自然이라는 말에는 '스스로 그러하다'는 뜻이 있습니다. 몸이라는 자연에 귀를 기울이고 자신을 맡겨보세요. 스스로 그러하도록. 우리의 머리는 더 겸손해져야 합니다.

# 사랑의 기술,
# 통합 의학 이야기

## 무병장수의 지혜

무병장수는 인간의 강력한 욕구입니다. 인류는 무병장수하는 지혜를 축적해왔습니다. 이 지혜가 의醫입니다. 의는 하나이지만 학문으로서의 의학은 여럿이고, 치료 수단으로서의 요법은 수천 가지입니다. 지금까지 의학은 병 중심이었지만 이제는 건강 중심으로 변하고 있습니다.[17]

통합 의학은 서양 의학, 한의학, 아유르베다 의학, 티베트 의학, 민간요법 등 무병장수의 지혜를 통합해 인간을 치료하고자 합니다. 서양에서는 서양 의학을 정통 의학으로 삼고, 서양 의학 외 모든 의학을 대체 의학 또는 보완 대체 의학이라 부릅니다. 정통 의학과 대체 의학을 통합한 의학이 통합 의학입니다. 우리나라는 한의학을 제도권 안의 공식 의학에 포함하고 대체 의학으로 분류하지 않습니다. 한의학을 대체 의학으로 분류하는 대부분의 나라와 다른 특징입니다.

인간은 육신을 지니고 있습니다. 정서를 지닌 존재이기도 하죠. 사회적 동물이며, 영적인 존재이기도 합니다. 육체적 건강, 정신적 건강, 사회적 건강, 영적 건강을 두루 누리려면 인간에 대한 통합적인 이해가 필요합니다. 게다가 인간은 진화하는 과정 속의 존재이며, 자연 속의 존재이며, 우주 속의 존재입니다. 인간은 그래서 개인의식, 집단의식, 역사의식, 우주 의식을 가진 존재이기도 하죠. 인간을 치료할 때는 이런 모든 면에서 접근해가야 합니다. 그래야 온전히 치료할 수 있습니다. 통합 의학이 전일 의학Holistic Medicine이기도 한 이유입니다. 총체적인 의학인 것이죠.

통합 의학이 대두한 이유는 서양 의학의 한계 때문입니다. 서양 의학은 전염병 퇴치 능력, 수술이라는 외과적 치료의 탁월성, 신속하고 효율적인 응급조치의 우수성으로 전 세계 의학의 주류가 되었습니다. 인간의 수명은 서양 의학의 발달로 크게 늘어났습니다. 근대 과학과 강력한 서양 문명의 힘이 서양 의학을 뒷받침했습니다. 하지만 전염병은 사라지지 않았습니다. 1969년 미국 공중위생국은 이제 전염성 질병은 끝이 보인다고 선언했지만 전염병은 새롭게 등장하고 있습니다. 인류를 괴롭히던 천연두, 장티푸스, 콜레라, 폐렴 등의 전염병 피해는 크게 줄었지만 에이즈, 조류 독감 같은 새로운 전염성 질환이 건강을 위협합니다.

1970년대 미국 정부는 '암 극복 프로젝트'를 야심차게 시작하며 천문학적인 연구비를 쏟아부었지만 암으로 생명을 잃는 사람은 늘어만 갑니다. 수술과 항암 약물 치료만으로는 여전히 암을 잡기 힘듭니다. 의식주의 변화와 스트레스로 만성병도 증가하고 있습니다. 서양 의학은 강력하며, 매우 많은 장점이 있습니다. 그리고 발전하고 있습니다. 하지만 만능은 아닙니다. 그래서 서양 의학 이외의 다른 의학에서 지혜를 빌려올 필요성이 대두한 것입니다. 서양 의학을 더 발전시키기 위해서도 그렇습니다.

### 자연 치유력의 복원

세계보건기구의 자료에 따르면 세계 의료 형태의 30~40퍼센트만 서양 정통 의학을 따르고, 나머지는 대체 의학을 따른다고 합니다.[18] 대체 의학이 서양 의학을 넘어서기 때문이 아닙니다. 서양 의학이 충족해주지 못하는 것을 다른 의학에서 구하는 것이지요. 자연적 치유가 극적인 효과를 내는 수술이나 부작용의 위험이 있는 약물보다 낫다고 생각하는 사람들이 있습니다. 하지만 서양 의학에 의지하지 않고 전적으로 대체 의학 치료만 받는 사람은 많지 않습니다. 대체 의학 역시 과학적 검증을 거쳐 적용되어야 합니다. 근거 없는 대체 의학 시술은 생명을 위협합니다. 그래서 의학 제도 안에서 연구되고 관리될 필요성이 있습니다. 미신이다, 주술이다, 근거 없다며 버려둘 상황이 아닌 것이죠.

대체 의학의 핵심은 자연 치유력의 복원입니다. 인체는 항상성을 유지하려는 경향이 있습니다. 이를 위해 자연 치유력을 작동합니다. 감기에 걸리면 열이 나고, 추울 때 몸이 떨리며, 피부에 상처가 나면 피가 뭉쳐 굳는 것은 모두 항상성을 유지하는 기제입니다. 병이 아니라 인간을 중심에 둔다는 것은 외부의 적인 병을 잡는 데 초점을 두기보다 인체가 병을 스스로 극복하는 것을 돕는다는 관점입니다. 사람이 폐렴에 걸리면 현대 의학에서는 항생제를 투입합니다. 균을 잡기 위해서입니다. 하지만 대체 의학에서는 균을 이기지 못한 면역 기능을 정상화하고자 합니다. 면역성이 떨어진 근본 원인을 찾아내 치료하는 것이죠. 이런 방식은 항생제의 부작용을 막고, 다른 균이 침범해도 막을 수 있다는 장점이 있습니다. 면역력 저하는 대개 하나의 원인으로 발생하는 것이 아니므로 종합적인 치료가 필요합니다. 그래서 몸뿐 아니라 마음까지 다룹니다. 병은 신체뿐 아니라 마음에서도 생기니까요.

기도와 명상도 대체 요법입니다. 명상은 현재 미국에서 3번째로 많이 쓰이는 대체 요법입니다. 또 대체 의학에서는 신체의 조화와 균형을 유지해 병에 걸리지 않고 건강하게 살 수 있는 양생법을 발달시켰습니다. 병은 치료를 잘 받는 것보다 안 걸리는 게 최선인 것이죠. 대체 의학의 치료법에는 호흡과 명상, 골격과 근육을 교정하는 카이로프랙틱, 영양 식이 요법, 아로마 테라피, 인체의 기를 치료에 응용하는 에너지 의학, 색깔 치료, 음악 치료, 물을 이용해 순환과 배설, 면역 증대를 촉진하는 수水 치료, 동종 요법 등이 포함됩니다.

### 의학의 역사

의학은 긴 역사를 지니고 있습니다. 원시 사회에서는 주술사가 의사였습니다. 주술사는 질병이나 불행을 '위반'에 대한 징벌로 진단하고 전문가적 처치를 했습니다. 당시에는 죽은 자의 혼령이나 자연의 신을 노하게 하면 징벌받는 것이 당연하다고 생각했습니다. 이는 과학적인 근거가 없는 미신으로 치부되지만, 그 부족의 신념 체계에서는 수용될 수 있는 것이었습니다. 주술사는 20세기까지 있었습니다. 아메리카의 인디언 주술사, 시베리아의 샤먼, 아프리카의 주술의, 영국 웨일스의 마법사, 우리나라의 무당이 이에 해당합니다. 가톨릭교회에서는 악령을 쫓아내는 엑소시즘 의식이 장려되기도 했습니다. 악령에 의해 심신의 질병이 생긴다는 관념은 광범위하게 퍼져 있었습니다.[21]

고대 의학은 기원전 600~300년 무렵에 고전적 형태를 갖추었습니다. 고대 중국 의학, 인도 아유르베다 의학, 히포크라테스 의학에는 공통점이 있었습니다. 질병은 조화와 균형이 깨져 생긴 것이고, 치료는 건강한 균형을 회복하는 데 목표가 있다는 점이었습니다.

고대 중국의 의학은 황제가 원리를 세웠습니다. 황제는 중국 고대 문명을 건설하고, 가옥 · 선박 · 수레 만드는 법을 알려주고, 도자기 · 문자 · 화폐를 만들었다는 신화적인 인물입니다. 그가 썼다고 알려지는 『황제내경』은 침술에 대한 초기 설명부터 생리학, 병리학 등 진단과 치료의 고전 이론까지 담겨 있는 한의학의 고전입니다. 『황제내경』의 기본 원리는 두 가지입니다. 하나는 인체는 우주의 축소판이며 자연과 인체는 연결되어 있다는 것이고, 다른 하나는 건강과 질병은 신체 내부의 힘과 외부 세계와의 조화와 균형에 의해 결정된다는 것입니다. 우리에게 익숙한 음양 이론, 기, 오행의 개념도 설명하고 있죠.

전통 한의학은 한약, 침술, 마사지, 기공 등의 요법을 제공합니다. 치료의 원칙도 두 가지인데 환자를 도와 생체 에너지의 균형을 회복하고, 문답과 듣기, 냄새 맡기 등으로 환자를 주의 깊게 진단해 맞춤 치료를 한다는 것이었습니다. 『황제내경』 이후 중국 의학은 맥진과 침술에 능한 편작, 중국 외과의 시조인 화타 등 수많은 전설적 명의를 낳으며 전통을 이어갑니다. 화타는 『삼국지』의 명장 관우의 뼈를 깎아 치료하기도 하죠.

전설에 따르면 인도의 고대 의서 『아유르베다』는 브라마 신이 전수한 치료법을 편찬한 것입니다. '아유르'는 생명, '베다'는 학문을 뜻합니다. 생명의 학문이라는 뜻이죠. 아유르베다의 기본 철학은 우주의 모든 생물과 무생물은 연결되어 있으며, 사람이 그 속에서 균형을 잃으면 질병이 발생한다는 것입니다. 사람은 각기 독특한 체질을 지니고 있으며, 그것은 바타 · 피타 · 카파라는 세 가지 생체 에너지의 영향을 받는다고 설명합니다. 바타는 바람이나 숨결에 해당하며, 원소로서 공기를 상징합니다. 몸에 힘을 불어넣고 움직이게 합니다. 피타는 담즙에 해당하며, 원소로서 불을 상징합니다. 시각과 소화, 열의 생산에 관여합니다. 카파는 점액에 해당하며, 원소로서 물을 상징합니다. 카파는 몸의 안정성을 유지하고, 관절의 유연한 움직임을 돕습니다.[22] 아유르베다는 한의학과 마찬가지로 환자를 진단하는 복잡한 방법, 환자 중심의 원칙을 지니고 있었습니다. 치료에는 약초, 마사지, 호흡법, 명상, 식이 요법을 썼습니다.

서양의 히포크라테스는 의학이라는 전문 직업을 탄생시켰습니다. 기원전 5세기 고대 그리스 의학이 형성될 무렵, 히포크라테스는 중국·인도와 마찬가지로 건강이 신체, 마음, 환경 사이의 상호 작용에 영향을 받는다고 생각했습니다. 그는 신체가 혈액, 점액, 황담즙, 흑담즙이라는 네 가지 체액으로 구성되어 있다고 보았으며, 체액 사이의 불균형, 외부 세계와의 불균형이 질병을 낳는다고 보았습니다. 그는 환자와 의사의 관계를 매우 중시했고, 충분한 대화와 주의 깊은 관찰, 상세한 검사가 질병의 예후를 판단하는 가장 좋은 방법이라고 보았습니다. 그리고 식이 요법, 운동, 약초 등의 치료법을 행했습니다. 히포크라테스 의학은 서양 세계에서 2,000년간 영향력을 행사했습니다.

그리스에는 갈레노스129~199라는 의사도 있었습니다. 히포크라테스에 뒤이어 나타난 의사죠. 그는 로마 황제 마르쿠스 아우렐리우스의 주치의였습니다. 갈레노스는 임상 의학, 윤리학, 해부학, 생리학 분야에 많은 저술을 남겼습니다. 그는 동맥이 공기가 아니라 혈액을 운반한다는 사실을 발견했고, 근육은 뇌에서 나온 신경에 의해 지배된다는 사실도 알았습니다. 잘못된 지식도 있었는데, 순환계의 핵심이 심장이 아니라 간이라고 본 것이 그중 하나였습니다. 갈레노스의 통찰과 저술은 서구 세계에 심대한 영향력을 행사하다 르네상스 시기에 이르러 두 의사에게 도전받게 됩니다.

벨기에 출신의 의사 안드레아스 베살리우스1514~1564는 근대 해부학의 창시자로 불립니다. 그는 어릴 때부터 동물과 인체의 해부에 관심이 많았습니다. 의학 수련을 마치고 이탈리아 파도바대학교의 해부학 교수가 된 그는 인체를 해부하며 갈레노스의 오류 200가지를 발견했습니다. 그리고 1543년 29세의 나이에 『인체 구조에 대하여』라는 책을 출판합니다. 그가 수행한 해부 작업의 결과를 모은 것이죠. 300점이 넘는 상세한 해부도가 실린 이 책은 의학사의 명저로 통합니다. 베살리우스는 갈레노스의 오류를 지적하며, 검증되지 못한 가정보다 상세한 관찰과 사실의 기록이 우선되어야 한다고 주장합니다. 서양 의학의 중요한 정신 중 하나죠.

영국 의사 윌리엄 하비1578~1657는 동맥은 심장에서 신체 여러 부위로 혈액을 운반하는 혈관이고, 정맥은 신체 여러 부위에서 심장으로 혈액을 실어 나르는 혈관이라는 사실을 발견합니다. 이는 혈액이 간에서 생성되어 신체 곳곳으로 보내진다는 갈레노스의 주장을 뒤집는 것이었습니다. 그는 1628년 『심장과 혈액의 운동에 대하여』라는 책을 출판합니다. 과학 사가들은 하비의 이 단순해 보이는 발견을 생리학과 의학의 위대한 성취로 꼽기도 합니다.

과학적 의학은 점점 성장합니다. 하지만 1800년대까지 많은 의사가 히포크라테스 의학을 시술했고, 설사를 시키거나(하제), 죽은피를 뽑거나(사혈), 구토를 시켜 체액의 균형을 맞추는 시술을 했습니다. 그런 가운데 근대 과학 탄생에 업적을 남긴 두 사람이 등장했습니다.

프랑스 군대의 외과 의사 앙브루아즈 파레1510~1590는 근대 외과의 아버지로 불립니다. 과거 수술은 도살과 같은 것으로 여겨졌고, 간단한 수련을 받은 이발사나 수술 의사의 업무였습니다. 파레는 이를 전문적 기술로 바꾸었습니다. 절단 수술 환자를 위해 목발을 고안했고, 총을 맞아 생긴 상처에 펄펄 끓는 기름을 부어 치료하던 것을 달걀노

른자 등을 섞어 제조한 혼합물로 대신해 고통을 줄여주었습니다. 절단이 필요한 병사들의 상처를 인두로 지지는 대신 혈관을 묶어 출혈을 멎게 하는 고대 치료법을 사용하기도 했고요. 전통도 존중한 것이죠. 그는 환자들의 고통을 줄이기 위해 노력하는 인품 있는 의사였습니다. 파레는 "나는 환자를 치료했을 뿐 하느님이 그를 낫도록 했다"라고 겸손히 말하곤 했습니다.

프랑스의 의사 르네 라에네크1781~1826는 청진기를 발명했습니다. 청진기는 근대 의학을 상징합니다. 1800년대 초 의사들은 귀를 환자의 가슴에 대고 폐와 심장 소리를 들었습니다. 라에네크는 아이들이 긴 막대 끝에 귀를 대고 가볍게 두드리면서 신호를 보내는 모습을 보고 아이디어를 얻었습니다. 그는 24장의 종이 뭉치를 실린더처럼 말아 귀에 대고 환자의 심장 소리를 듣기 시작했습니다. 라에네크는 이후 더 안정적인 형태의 청진기를 고안했고, 이 새로운 도구로 심장 소리가 어떻게 질병에 중요한 단서를 주는지 발견하기도 했습니다. 그는 「간접 청진 또는 심장과 폐 질환의 진단에 대한 논문」을 출간했습니다. 청진기는 과학적 의학을 진전시킨 최초의 기술로 평가받습니다. 하지만 의사와 환자 사이에 작지만 차가운 벽을 만들었습니다.

## 과학적 의학의 성장과 한계

1800년대까지 과학적 의학은 여러 치료 체계 가운데 하나였습니다. 하지만 사혈, 독성 있는 하제, 감염으로 인한 사망으로 다른 체계의 시술자들에게 종종 비난의 대상이 되었습니다. 오늘날 서양 정통 의학이 대체 의학을 비난하는 만큼이나 과학적 의학은 당대의 타 의료인들에게 비난받았습니다.

동종 요법 창시자인 독일 의사 사무엘 하네만1775~1843은 당시의 과학적 의학은 쓸데없는 기술이고, 전쟁보다 생명을 단축하며, 환자들을 본래보다 골병 들인다며 맹비난하기도 했습니다. 동종 요법은 어떤 질병과 비슷한 증상을 일으키는 물질을 사용하면 그 질병이 낫는다는 원리의 치료법입니다. 이열치열 요법인 것이죠. 하네만은 말라리아와 비슷한 증상을 일으키는 키니네라는 식물이 말라리아를 치료한다는 데서 아이디어를 얻었습니다. 그는 질병을 일으키는 처방 약을 체내에서 희석하면 독성이 약화되어 결국 증상을 일으키지 않는다고 생각했습니다. 또한 환자와 오랜 시간의 면담을 통해 증상만이 아닌 시간과 계절, 날씨, 기분, 행동 등을 총체적으로 고려해 치료해야 한다고 주장했습니다. 동종 요법은 당대에 근대적인 대체 의학이라는 기대를 받은 치료법이기도 했습니다. 비합리적으로 보이는 이 동종 요법은 과학적 의학과의 전투에서도 살아남아 현재 미국의 10대 대체 요법의 하나로 자리 잡고 있습니다.

척추 지압 요법은 관절을 맞춰 병을 고치는 치료법입니다. 히포크라테스 시절부터 사용된 치료법인데, 근대적인 척추 지압 요법은 대니얼 파머1845~1913의 공입니다. 자기 요법사로 일하기도 한 그는 모든 질병의 95퍼센트는 척추가 어긋나서 생긴다고 주장했습니다. 파머는 자기를 띤 손을 장기에 얹어 절름거리는 환자나 마비 환자를 치료했습니다. 장기와 조직이 제자리를 벗어나면 마찰 때문에 염증이 생기고 질병이 발생한다고 생각한 것이죠. 그는 새로운 치료법을 척추 지압 요법이라 명명하고 학교를 세우기도 했습니다. 척추가 어긋나 신경을 자극하고 질병을 유발한다는 과학적 증거는 없습니다. 하지만 현재 미국에서는 척추 지압이 요통에 효과가 있다는 사실을 인정했고, 주류 의학에서도 이를 받아들이고 있습니다. 척추 지압 요법은 2007년 기준으로 미국에서 네 번째로 많이 쓰이는 대체 요법이라고 합니다. 동종 요법, 척추 지압 요법 외에도 많은 대체 요법이 1800년대에 생겨났고 오늘날까지 남아 있습니다. 과학적 의학과 전투를 벌이면서 말이죠.

근대 과학의 성장과 함께 과학적 의학 역시 급격히 성장합니다. 그리고 오늘날의 놀라운 수준에 도달했습니다. 진단 장비와 치료 장비 역시 눈부시게 발달했죠. 그 과정에서 과학적 의학 관계자들은 자신의 가치와 권력에 위협이 되는 것을 배척해왔습니다. 1846년 미국에 의사 협회가 생겼습니다. 지금도 미국에서 강력한 로비력을 행사하는 단체입니다. 이 협회는 로비를 통해 의사 자격 면허 제도를 도입했습니다. 당시엔 누구나 원하면 의사 행세를 할 수 있던 시절이라고 합니다. 제도가 미비해 혼란스러운 상태였던 것이죠. 이 제도를 통해 의사 협회는 동종 요법 등 대체 요법 의사들을 의학계에서 배제했습니다. 또 1900년대에는 의대의 교육 커리큘럼을 확립했습니다. 여기에는 2년간 기초 의학을 공부하고 2년간 임상 훈련을 받아야 한다는 내용이 포함되어 있었습니다. 대체 의학이 커리큘럼에 포함되지 않은 것은 당연합니다. 양질의 연구, 높은 교육, 표준화된 시험과 면허 등으로 과학적 의학은 주도권을 잡고 눈부신 발전을 거듭합니다. 하지만 대체 의학은 질긴 생명력으로 사라지지 않고 지속되었습니다. 사실은 과학적 의학의 틈에서 점점 확대되고 있었습니다.

1970년대 서구 사회에서는 서양 의학 패러다임의 한계와 보건 의료의 위기라는 화두가 제기되었습니다. 질병을 기계 고장으로 파악하고, 생명 현상을 분자 생물학적 수준으로 환원하며, 단일 원인이 질병을 초래한다는 결정론적 인과성이 만성병과 환경병 치료에 한계를 드러낸 것입니다. 또한 재정 위기로 급격한 의료비 상승을 감당하기 어려웠습니다. 천문학적 의료비의 투입에도 건강은 향상되지 않는다는 불만이 표출되었습니다.[23] 정통 의학을 보완할 의학이 필요해진 것입니다. 그리고 결국 주류 의학계에서는 대체 의학의 활용과 소비가 늘고 있다는 사실을 수용해야 했습니다. 미국은 현재 국립보건원 내에 대체보완의학센터를 두고 대체 의학을 연구하고 있습니다. 막대한 연구비를 들여 전 세계 1,200여 개 이상의 프로젝트를 지원하고 있죠. 서양의 동종 요법과 자연 요법을 포함해 동양의 한의학과 아유르베다 의학을 연구합니다. 통합 의학으로 가고 있는 것입니다.

통합 의학은 인체의 자연 치유 반응을 활성화하고, 환자의 정신과 신체를 통합적으로 다룰 뿐 아니라, 환자가 속해 있는 지역 사회를 치료에 참여하게 합니다. 의사와 환자가 일회적인 관계가 아닌 지속적인 관계를 맺게 하고, 치료에 환자가 더 많은 통제력을 발휘할 수 있도록 합니다. 그리고 이 모든 것을 임상 시험을 통한 근거 중심의 의학이라는 기준으로 평가하고 적용합니다. 많은 대체 요법이 개별적이고 체험적인 것이기 때문에 치료 효과를 객관적으로 측정하기 어렵다는 측면이 있지만, 이 기준을 통과해야 과학적 의학 수준에 올라설 것입니다.[24]

## 통합 의학으로 가는 길

미국의 내과 의사 래리 도시는 『치료하는 기도』라는 책에서 의학의 시대를 3단계로 나누어 구분하고 있습니다. 1기는 1860~1950년대의 기계적이고 물리적인 시대입니다. 이 시기 의학은 인체를 포함한 전 우주를 거대한 기계 장치로 봅니다. 정신도 뇌의 기계적 활동으로 봅니다. 약물, 수술, 방사선 치료, 심폐 소생술 등 현대 의학의 엄청난 업적들이 이 시기에 이루어졌고 지금도 영향력을 행사하고 있습니다. 한약, 침술, 동종 요법 등의 대체 의학도 이 시기에 포함된다고 봅니다.

2기는 20세기 중반 제2차 세계 대전이 끝난 이후 생긴 심신 의학의 시대입니다. 정신이 고전 물리학적 개념으로 완전히 설명되지 않는다고 보고, 의식이 신체에 미치는 영향에 주목합니다. 정신 신경 면역학, 상담, 최면, 바이오피드백, 이완 요법, 이미지 요법 등이 모두 이 시기의 치료법입니다. 심신 의학적 치료법은 마음을 치유에 가장 중요한 요소로 보지만, 고전 물리학적 기반의 치료법과 상충하지 않습니다. 서로 보완하는 것이죠. 두 의학은 모두 국소적인 관점을 따르고 있습니다. 개인의 정신이 자신의 신체에 국소적으로 작동한다고 보는 것이죠. 의식보다는 뇌가 할 수 있는 것에 더 관심을 둔다고 보는 것이 정확합니다. 정신을 뇌의 구조와 생리 기능의 결과라고 보기 때문입니다.

3기 의학은 이와 좀 다릅니다. 정신은 공간(두뇌, 육체)이나 시간(현재, 한 사람의 일생)으로 완전히 국소화하지 않는다고 보죠. 또한 정신은 경계가 지워지지 않는 것이며, 시공간에 무한하고, 어디에나 존재하며, 영원하고, 궁극적으로 유일하다고 봅니다. 이 원리에 입각해 환자를 치료하는 의학을 자아 초월 의학이라고 부릅니다. 원격 진단, 중보 기도, 자아 초월 심상, 텔레소맥틱 사건, 원격 감각 등이 예입니다. 원격 진단은 느낌과 직관으로 환자의 상태를 알아내는 겁니다. 중보 기도는  공동체나 타인을 위해 올리는 기도입니다. 자아 초월 심상은 개인의 의식이 타인의 신체적 조건에 영향을 줄 수 있다고 보고, 특정한 심상을 사용해 멀리 떨어져 있는 사람의 신체 반응을 이끌어내는 치료법입니다. 텔레소맥틱 사건은 일상에서 가끔 경험하는 것입니다. 자식이 위험에 처했다는 사실을 '단지 알아차리고' 무작정 집으로 달려가서 수영장에 빠진 딸을 건져낸 어머니가 해당합니다. 강한 감정적 연대를 지닌 사람들 사이에서 일어납니다. 원격 감각은 멀리 떨어진 두 사람이 복잡한 정보를 정신적으로 주고받는 감각입니다. 이 의학은 고전적인 물리학의 개념으로는 이해할 수 없습니다. 3기 의학은 이제 막 시작되었습니다. 근거가 더 축적되어야 하고요. 래리 도시는 자아 초월 의학에 관심을 기울여야하는 이유를 이렇게 말합니다.

"이유는 명확하다. 환자들이 극적으로 회복되었기 때문이다. 병을 고치는 것이라면 박테리아든, 바이러스든, 약이든, 수술이든, 기도든 의학의 주된 관심사가 되어야 한다"[25]

동양과 서양은 공간적 타자입니다. 과거와 현재는 시간적 타자입니다. 인간과 우주는 다른 차원의 타자죠. 코끼리 만지는 장님들 이야기가 있습니다. 장님들은 각자 코끼리를 만져보고는 코끼리는 이런 것이라고 주장하며 싸웁니다. 자기가 만진 것만 코끼리라고 우기는 거죠. 좁은 소견과 관점의 차이에 대한 비유입니다. 하지만 한 장님이 만진 것은 코끼리가 맞습니다. 다른 장님이 만진 것도 역시 코끼리입니다. 장님들이 만진 부분은 전체인 코끼리의 속성을 그대로 지니고 있습니다. 부분에 전체가 담겨 있는 것이죠. 내가 옳다 네가 옳다 싸우지 말고, 내가 만진 부분을 통해 코끼리에게 구체적으로 다가가면 언젠가 전체를 만나지 않을까요? 타자들과의 만남을 통해 코끼리라는 전체를 그릴 수 있는 것입니다.

우리는 사실 타자들로 이루어진 존재입니다. 21세기 대한민국의 나는 동과 서를 모두 지니고 있습니다. 지금에는 과거가 공존하고요. 우주는 나와 동시에 존재합니다. 나는 동양이고 서양이며, 과거이고 현재이며, 인간인 동시에 우주입니다. 이 타자들이 모두 나입니다. 뒤집어 말하면 나라고 꼭 찍어 말할 수 있는, 타자와 완전히 구별되는 '나' 라는 것은 없는 것이죠.

서양 정통 의학과 대체 의학은 체계가 다릅니다. 방법도 다릅니다. 하지만 타자들은 늘 만나왔습니다. 의학은 여러 개지만 의는 하나라고 했습니다. 인간이 하나이기 때문입니다. 하나인 인간을 치료하는 의학은, 결국 '인간' 을 주제로 한 사랑의 기술이 되어야 합니다. 의는 곧 인술仁術입니다.

# 휴休 + 셋
# 타자들과의 만남

# 숲 속에
# 종이 울리면

*마지막 나무가 사라진 뒤에야*
*마지막 강이 더럽혀진 뒤에야*
*마지막 물고기가 잡힌 뒤에야*
*그들은 깨닫게 되리라.*
*인간이 돈을 먹고 살 수는 없다는 것을.*
*-호주 원주민*

신을 이해하려면 숲에 가라. 미국의 시인 랠프 월도 에머슨의 말입니다. 예부터 수행자들은 산에 들었습니다. 등산登山이 아닌 입산入山을 했죠. 숲은 신성한 곳이었고, 몸과 마음을 치유하는 곳이었습니다. 운명을 점치는 신탁을 받거나, 먼지 낀 세상에서 은둔해 유유자적할 수 있는 곳이기도 했습니다. 인간사에 지칠 대로 지친 심신을 숲은 늘 받아주었습니다. 슬프면 슬픈 대로, 무심하면 무심한 대로, 기쁘면 기쁜 대로, 그대로를 비추어주었습니다. 그리고 스스로 회복해 다시 세상으로 나갈 수 있도록 도왔습니다. 숲이 없었다면 인간사의 지혜 중 우리에게 남아 있는 것이 얼마나 될지 궁금합니다. 깊은 숲에 고요히 앉아 있으면 사방에서 숲의 거대한 침묵이 들려옵니다. 숲의 빛과 향과 소리는 침묵의 메아리 같습니다. 그런 순간에는 에머슨의 말을 이해할 것만 같습니다.

우리는 모두 공생합니다. 타자와의 공생으로 나는 살아갑니다. 몸 밖의 세계와 공생할 뿐 아니라, 몸 안에서도 공생합니다. 우리 장 속에는 무수한 박테리아가 살고 있습니다. 수분을 뺀 몸무게의 약 10퍼센트가 박테리아라고 합니다. 이들은 양분을 분해하면서 우리 생명을 유지해줍니다. 장속보다 깊은 세포 안에서도 우리는 공생합니다. 세포 안에는 미토콘드리아들이 살고 있습니다. 미토콘드리아는 독립된 생명체입니다. 우연한 기회에 몸속 세포에 들어와 자신의 독자적 유전자를 증식하며 살고 있습니다. 이들은 인체 활동에 필요한 에너지를 생산합니다. 이들이 없으면 나는 생명을 유지할 수 없습니다. 그러니 어디서부터 어디까지가 나인지 궁금합니다. 단지 독자적 유전 정보를 지녔다는 사실만이 나의 고유성인 것일까요?

우리는 수많은 타자로 구성되어 있습니다. 이들은 공생합니다. 나는 공생하는 수많은 타자 중의 하나입니다. 나는 '나들'로서 존재하고 있고, 그것이 자연스럽습니다. 나와 공생하는 장 속의 박테리아, 60조 개의 세포 안에 살고 있는 미토콘드리아, 이들은 나를 어떻게 느낄지 상상해봅니다. 숲에서 내가 느끼는 편안함과 상쾌함을 박테리아는 나의 장속에서 느끼지 않을지. 미토콘드리아는 세포막 안에서 느낄 테고요. 오랜 세월 환경에 적응해 공생하고 있으니, 그렇게 느끼는 게 당연할지도 모르겠습니다. 그들에게도 느낌이라는 것이 있다면 말이죠.

숲에 들면 나라는 타자와 나무, 새, 냇물, 바람이라는 타자가 공생한다는 사실을 느낍니다. 내 안의 타자가 나이듯이, 숲 안의 나는 숲이라고 할 수 있습니다. 숲의 차원에서 보면 나뭇가지를 흔드는 바람, 졸졸 흐르는 시냇물, 지저귀는 새소리, 그 안에서 숨 쉬는 내가 모두 숲입니다. 이 사실이 고맙습니다. 숲 속 생명들이 나와 다르지 않다는 사실. 숲 속 타자와의 만남이 나를 넓고 크게 키웁니다. 인간으로서의 자의식을 줄이고, 자연으로서의 자의식을 키워줍니다.

프랑스 남부의 플럼 빌리지는 베트남의 틱낫한 스님을 중심으로 수행하는 공동체 마을입니다. 수행자들은 자주 걷습니다. 걷기는 아주 느립니다. 자주 종을 치고, 종을 치면 그때마다 걸음을 멈춥니다. 지금 이 순간에 머무르기 위해서입니다.

염念이라는 한자어가 있습니다. '생각하다'는 뜻을 지닌 이 말에는 '지금今 마음心'이라는 뜻이 숨어 있습니다. 수학적이고 논리적이고 복잡한 사고가 아닌, 지금 마음에 머무는 것이 염입니다. 염은 '보다, 관찰하다'는 뜻을 가진 팔리어 사티sati의 번역어이기도 합니다. 염한다는 것은 곧 사티하는 것입니다. 지금 이 순간을 보는 것이죠. 플럼빌리지의 걷기 명상은 천천히 걸으며 '지금 마음'을 보는 수행입니다.

숲에 들면, 자주 멈춰보세요. 마음의 종을 울리면서. 그리고 모든 감각을 열고, 공생하는 거대한 타자를 만나보세요. 내가 이야기를 품고 있듯, 그들은 모두 그들의 이야기를 하고 있습니다. 만물과 공생하는 나를 염 하는 순간, 다시 한 번 에머슨을 이해하게 될지도 모릅니다.

# 숲의 기분

*인간이 이토록 슬픈데*
*주여, 바다가 너무도 푸릅니다.*
*-엔도 슈사쿠, 「침묵의 비」*

과학자들에 의하면 지구의 나이는 약 45억 세로 추정됩니다. 인류의 조상이 지구에 등장한 때는 대략 700만 년 전으로 추정합니다. 인류는 지구라는 멀고 먼 조상과 동시대를 사는 갓난아기입니다. 우주가 처음 생긴 때부터 계산한다면, 인류의 삶은 말 그대로 눈 깜짝하는 순간밖에 안 됩니다.

최초의 지구는 생명체가 살 수 없는 뜨거운 불덩어리 같은 곳이었습니다. 대기는 유독 가스로 가득 채워져 있었죠. 그런데 지구의 바닷

속에 원시 식물이 생겨나 성장하고 진화해 갔습니다. 식물들은 점점 물가로 올라왔고, 내륙으로도 널리 퍼져 대기의 많은 유독 가스를 빨아들였습니다. 그리고 산소를 내뿜었죠. 산소의 일부는 성층권까지 올라가서 오존층을 형성했습니다. 오존층은 생물에 유해한 자외선을 막아 생명체가 살 수 있는 기후를 만들었습니다. 이렇게 지상에 최초 숲이 만들어지고 약 4억 년이 지난 후, 아프리카 사바나 숲에서 최초의 인간이 등장했습니다. 자연의 자식인 인간은 숲에서 의식주를 해결하고, 숲에서 놀며, 숲을 숭배했습니다. 인류는 지구에 태어나서 살아온 대부분의 시간을 숲에서 보냈습니다. 지구 전체 역사에서 보면 우리의 문명 생활은 너무나도 짧은 순간입니다. 하지만 결과는 치명적입니다. 문명 앞에는 숲이 있고 문명 뒤에는 사막이 남는다는 말이 있습니다. 숲을 파괴해 도시를 만들고 경작지를 넓힌 대부분의 문명은 사막이 되었습니다.

숲은 우리의 모체입니다. 숲이 인간의 신체와 의식, 그리고 깊은 무의식에 영향을 끼치는 것은 어쩌면 당연한 일입니다. 도시 자극은 스트레스를 유발합니다. 반면 자연 자극은 심리적인 안정감과 행복감을 줍니다. 귀소 본능처럼 인간은 숲으로 돌아가고 싶어 합니다. 사람들이 도시에 모여 살고, 인공 공간에서 생활하는 시간이 늘어난 탓에 숲을 접할 기회가 줄었습니다. 그래서 생활 공간 속으로 숲을 끌어오기도 합니다. 정원이나 공원을 만들어서 말이죠.

숲에는 우리 몸과 마음에 이로운 물질이 많은데, 이 역시 우리가 숲 속에서 살도록 설계되어 있는 탓입니다. 숲이 제공하는 것들은 인간에게 약이 됩니다. 몸뿐 아니라 마음에도 부작용이 전혀 없는 천연 약입니다.

우선 숲에는 산소가 풍부합니다. 산소는 숲의 보약으로 불립니다. 우리는 하루에 0.75킬로그램의 산소가 필요합니다. 숲 1헥타르에서 생산되는 산소량이 연간 12톤가량이니, 1헥타르 크기의 숲에서 45명의 사람이 1년간 마실 수 있는 산소가 뿜어져 나오는 셈입니다. 숲은 도시보다 산소 농도가 1~2퍼센트 높습니다. 농도뿐 아니라 미세 먼지의 수 등 질적인 측면에서도 월등히 뛰어나죠. 대기 중 산소 농도는 약 21퍼센트라고 합니다. 이게 19퍼센트로 낮아지면 가슴이 답답해지고 두통, 구토 증세가 생깁니다. 고산증이 대표적인 경우죠. 산소 농도가 더 낮아져 4퍼센트로 떨어지면 숨을 쉬지 못해 죽습니다. 산소는 우리가 매순간 마시는 생명의 젖 같은 것입니다. 특히 뇌는 우리 몸무게의 2퍼센트 정도를 차지하지만, 우리가 마시는 산소의 약 25퍼센트를 소비하는 산소 먹는 하마입니다. 숲 속에 들어가면 머리가 맑아지고 가슴이 시원해지는 까닭은 풍부한 산소 덕분입니다.[1] 호흡과 명상을 하기에 숲보다 좋은 곳은 없습니다.

숲 속에는 피톤치드도 풍부합니다. 피톤치드는 '식물'이라는 뜻의 파이톤phyton과 '죽이다'는 뜻의 사이드cide가 합쳐진 말로, 식물이 자신을 방어하기 위해 해충에 내뿜는 휘발성 물질입니다. 부작용이 없고 내성도 없는 천연 항생제입니다. 숲에 들어갔을 때 풍기는 시원한 향기는 피톤치드 때문입니다. 1900년대 초 미국의 한 결핵 치료 병원은 병실 부족으로 숲 속에 임시 텐트를 쳐서 환자를 수용했다고 합니다. 그런데 병원 내의 병동보다 숲 속 텐트에서 치료한 환자들의 치료 효과가 훨씬 높았습니다. 이로 인해 숲의 치료 효과가 널리 알려지게 되었죠. 피톤치드는 우리 몸의 면역력을 높여주고, 마음을 안정시켜 스트레스를 줄이는 데 효과가 있습니다. 스트레스 호르몬인 코르티솔 수치가 낮아지고, 심신이 안정된 상태에서 생기는 뇌파인 알파파 수치도 증가합니다.[2]

숲에는 음이온이 많습니다. 특히 계곡 주변이나 비 오는 날에 많습니다. 숲은 이산화탄소를 빨아들이고 산소를 내뱉는 과정에서 음이온을 많이 생성합니다. 숲 속 음이온은 1세제곱미터당 800~2,000개로 도시 실내보다 14~70배가량 많습니다. 음이온이 많은 공기는 몸속

노폐물을 제거하고, 세포의 대사 활동을 활발하게 해 신체에 활력을 줍니다. 숲 속의 비타민이죠. 가벼운 비가 오는 숲 속 길을 걷는 것은 음이온 샤워를 하는 것과 같습니다.[3]

숲에는 자연 광선이 풍부합니다. 자연 광선은 행복 호르몬으로 알려진 세로토닌의 분비를 활성화합니다. 우기나 겨울에 기분이 무겁고 우울증 환자가 많이 생기는 까닭은 세로토닌이 부족하기 때문입니다. 실제로 프로작 같은 우울증 치료제는 세로토닌 분비를 활성화하는 약입니다. 긍정적인 생각과 규칙적인 운동도 세로토닌 분비를 촉진한다고 하니, 자연 광선이 풍부한 숲 속을 자주 걸으며 좋은 생각을 하는 것은 행복해지는 지름길입니다.[4]

산소, 피톤치드, 음이온은 눈에 보이지 않습니다. 하지만 숲에는 보면 좋은 것도 많습니다. 초록의 나뭇잎, 투명하고 맑은 물, 높고 푸른 하늘은 상쾌합니다. 봄에 흐드러지게 피는 꽃, 가을날 바람에 쓸려가는 억새밭의 장관을 보면, 말 그대로 눈을 활짝 열 수밖에 없습니다. 개안開眼하는 것이죠. 나뭇잎을 벗어버린 나뭇가지들이 만들어내는 겨울산 빛과, 눈 덮인 숲의 고요도 우리를 깊어지게 합니다. 숲에서 만나는 빛나는 순간들이죠.

숲에는 도시에서 듣기 힘든 좋은 소리도 있습니다. 뇌파를 가장 안정시킨다는 1/f음의 새소리, 바람 소리, 개울물 소리가 있죠. 내 안에 갇혀 비좁게 살아가다 숲에서 들려오는 자연의 소리로 귀를 씻어내면, 묻혀 있던 자연적 생체 리듬을 되살릴 수 있습니다.

숲에 자주 가세요. 숲에 들면 신발을 벗고 맨발로 땅을 밟아보세요. 눈을 감고 귀에 들리는 소리, 코로 맡아지는 향기, 피부로 전해지는 바람을 만끽해보세요. 뺨을 나무에 대거나 손으로 햇살을 잡아보세요. 물가에 앉아 하염없이 시간을 흘려보내세요. 상상만 해도 마음이 맑아집니다. 숲이 어떻게 그 안의 생명체들을 조율하는지, 무슨 말을 담담히 전하고 있는지, 인간의 말을 내려놓고 단지 느껴보는 것입니다. 숲이라는 모체母體의 기분을.

# 우리의 파라다이스

*벚나무의 가지를 부러뜨려봐도*
*그 속에는 벚꽃이 없다.*
*그러나 보라.*
*봄이 되면 얼마나 많은 벚꽃이 피는가.*
*-잇큐*

파라다이스paradise라는 말은 페르시아어 pairidaeza에서 유래했다고 합니다. 두르다around라는 뜻의 pairi와 담벽wall을 뜻하는 daeza로 이루어진 단어로, '담을 두른 정원'을 말합니다. 페르시아 제국의 다리우스 왕은 신선한 물이 흐르고, 나무와 꽃과 열매가 가득한 정원을 꾸몄다고 합니다. 사막의 경관을 담으로 막고, 질서 있고 평온한 공간을 만들었죠. 황무지 속에 핀 지상 낙원이었습니다. 이민족의 침략으로 파괴되긴 했지만, 파라다이스의 기억은 페르시아의 세밀화나 카펫에 살아남아 후대의 정원 디자인에 영향을 주었습니다.[5] 파라다이스는 자연을 길들여서 담아둔 곳입니다. 담장 안의 숲인 셈입니다.

스코틀랜드 북부에는 핀드혼이라는 곳이 있습니다. 1960년대 모래와 자갈이 가득한 황무지에 한 무리의 사람들이 정원을 만들기 시작했습니다. 이들은 자연의 정령들이 전하는 말소리를 들었다고 합니다. 데바deva라고 불리는 정령들은 자신들의 말을 들으면 정원이 크게 번성할 것이라고 사람들에게 전했습니다. 사람들은 정령과 대화하며 작물을 키웠고, 기도와 명상으로 정원을 가꾸었습니다. 오래 지나지 않아 황무지에는 18킬로그램이나 나가는 양배추를 비롯한 놀라운 작물들이 자랐고, 정원은 점점 아름다워졌습니다. 그리고 이에 영감을 받은 사람들이 궁벽한 바닷가에 모여들어 생태적인 영성 공동체를 만들었습니다.[6] 페르시아의 정원과는 사뭇 다른 파라다이스입니다. 담을 두른 영적인 숲이죠.

우리 옛 마을에는 마을 숲이 있었습니다. 풍수적으로 마을을 보호하는 숲이었죠. 바람을 막는 방풍림이었고, 휴식하는 장소이면서, 신성한 공간이었습니다. 마을 숲에는 으레 신목神木이 있었습니다. 신성한 나무입니다. 『삼국유사』에 나오는 태백산 꼭대기의 신단수 같은 것입니다. 하늘에서 환웅이 바람을 맡은 자, 구름을 맡은 자, 비를 맡은 자를 데리고 내려온 자리에 있던 나무입니다. 나무 주변이 신시神市였고, 여기에 만들어진 공동체가 고조선입니다. 신목이 있는 마을은 상고 시대의 신시와 다를 바 없습니다.

신목은 세계 나무 또는 우주 나무라고 불립니다. 세계 도처에 있는 세계의 중심, 우주의 중심인 신목은 인간적이고 세속적인 세계와 성스럽고 영적인 세계를 연결합니다. 신탁과 예언과 판결이 신목 아래에서 일어났습니다. 지혜와 풍요를 주는 나무뿌리는 지하 세계로 내려가고, 줄기는 하늘을 향해 올라가며, 가지는 옆으로 뻗어 인류를 위해 그늘을 만들어줍니다.[7] 부처는 보리수나무 아래에서 명상하고 깨달았습니다. 예수는 올리브 나무가 많은 감람산에서 기도 했습니다. 나무 십자가를 통해 하늘로 갔고 세상에 부활했습니다. 공자는 행단杏亶에서 강의했습니다. 그래서 서원과 향교에서는 은행나무를 심었습니다. 은행나무는 빙하기에도 살아남아 3억 년 가까이 지구에서 살고 있습니다. 은행나무 잎처럼 공자의 강의가 사람들의 마음을 오래도록 물들이기를 바랐던 걸까요?

마을 숲은 일제 강점기 때 전쟁 물자로 잘려나가고, 6·25전쟁 때 폭격으로 불타고, 새마을 운동 때 신작로로 변해버렸습니다. 마을 숲에 있던 우주 나무도 중심이 잘려나갔습니다. 하늘과 땅을 연결하지 못하고, 널리 인류를 위한 가지와 잎을 뻗지 못했습니다. 인간의 공동체는 자연의 파괴와 함께 무너져내리곤 했습니다.

가이아Gaia 가설은 잘 알려져 있습니다. 1970년대 영국의 생화학자 제임스 러브록이 그리스 신화에 나오는 땅의 여신 가이아의 이름을 따서 만들었습니다. 가설에 따르면 지구는 자기 조절 능력이 있는 살아 있는 유기체로서, 생존 가능성을 극대화하는 방향으로 자신에게 가해진 위협에 반응합니다. 생명체는 자신을 둘러싼 환경과 함께 진화하며 균형 잡힌 체계를 만듭니다. 예를 들어 바닷물의 농도는 바다가 처음 생긴 때부터 3.5퍼센트인데, 바다에 들어오는 소금은 바다에서 없어지는 소금의 양과 언제나 동일하며, 이런 균형 상태를 통해서만 바다의 생명 현상이 가능합니다. 만약 균형이 깨지면 가이아는 스스로의 조정 작용을 통해 바로잡습니다. 이 가설에는 인류의 생존은 거대한 하나의 유기체에 의존하고 있으며, 이 유기체는 자신의 생존을 위해 인류라는 종을 희생시킬 수도 있다는 경고가 담겨 있습니다.[8]

"자연은 인 하지 않다天地不仁"라는 노자의 말이 문자 그대로 다가옵니다. 지진이나 해일, 폭풍 같은 거대하고 무자비한 자연의 힘 앞에 인간은 미약한 존재입니다. 아름답고 풍요로운 자연을 담장 안에 구현하고자 했던 인간의 파라다이스에서 깊은 슬픔마저 느껴집니다. 하지만 한편으로 우리가 자연에서 느끼는 공포를 다른 동식물들은 인간에게서 느끼지 않았을까 상상해봅니다. 우리처럼 자연도 그들의 파라다이스가 있었을 것입니다. 이기적이고 무자비한 인간의 힘에 파괴당한 자연의 파라다이스에서도 깊은 슬픔을 느낍니다.

인간은 자연입니다. 인간으로서의 자의식이 커지면서 자연으로서의 자의식이 작아졌을 뿐, 우리가 자연이라는 사실에는 변함이 없습니다. 자연 파괴는 자기 파괴입니다. 예수는 마구간에서 태어났습니다. 인간 세계의 가장 낮은 자리에서 났죠. 이 자리는 말이라는 동물을 먹이는 생명의 자리이기도 했습니다. 동방 현자를 인도한 하늘의 별빛, 현자들이 가져온 유향과 황금 같은 광물도 예수의 탄생에 참여했습니다. "네 이웃을 사랑하라"라고 예수는 말했습니다. 삼라만상이 이웃입니다. 이웃을 사랑하라는 말은 자신을 사랑하라는 말과 다르지 않습니다. 이웃을 사랑하지 않으면 생존할 수 없는 때이니까요. 우리의 파라다이스는 서로 사랑하는 수평적 타자들의 숲입니다. 다른 길이 없습니다.

# 우주의 리듬

*사원의 종이 멈췄네.*
*그래도 종소리는 은은히 울려나오네.*
*저 꽃들에서.*
*-마쓰오 바쇼*

호주 원주민들에 따르면, 세상 만물은 '꿈의 시대'의 정령들이 만든 것입니다. 꿈의 시대는 시작은 있으나 끝은 알 수 없는 시대입니다. 정령들은 세상 곳곳을 돌아다니면서 바위산이나 동물, 나무, 물웅덩이를 만듭니다. 사회 질서와 법도 만들고요. 이들이 다니던 길은 꿈길, 또는 노랫길이라 불립니다. 이 길에는 정령들의 발자국과 신체 형상, 분뇨 같은 영적 표식이 있습니다. 예를 들어 빅토리아 강 협곡에는 비단뱀의 '꿈꾸는 조상'이 남긴 뱀 모양의 길이 있습니다. 야영하

며 남긴 엉덩이 자국도 있고요. 호주 서부 사막에 있는 한 퇴적암은 정령들이 잡아서 꺼낸 캥거루의 내장이라고 전해지기도 합니다.[9]

호주의 아웃백이라 불리는 사막 평원에는 '울루루'라고 불리는 거대한 바위산이 있습니다. 울루루는 세계에서 가장 큰 바위덩어리로 알려져 있습니다. 원주민들은 이 바위산을 세상의 배꼽이라고 말합니다. 세상의 중심이죠. 해 질 녘, 사막 평원에 드러누운 거대한 바위산은 타는 듯 붉게 빛을 발합니다. 이 장관에 원주민들이 어떤 느낌을 받았을지 상상이 됩니다. 이 산은 영적인 장소입니다. 인류의 탯줄이며, 자연 그대로의 신전입니다. 지금은 관광지가 되어 여행객이 밟고 다니는 돌덩이일 뿐이지만, 한때 이곳은 원주민들이 평생에 걸쳐 노랫길을 따라 춤과 노래를 바치며 향하던 삶의 목적지이기도 했습니다. 바위에는 원주민들의 꿈을 따라 새겨진 신성한 조각과 그림이 있습니다. 무엇이든 우리가 귀하게 여길 때 귀해집니다. 길가의 돌멩이 하나도 귀하게 보면 특별한 의미가 있습니다.

호주 원주민들에게 꿈의 시대 정령들은 지금도 존재합니다. '카라드지'라고 불리는 원주민 현자들은 정령들을 접촉할 수 있습니다. 이들은 정령의 영역으로 날아가기도 합니다. 그들이 발목에 다는 깃털은 그 상징입니다. 꿈과 관련된 이야기, 춤, 노래를 창조할 수 있는 사람도 이 현자들입니다.[10] 원주민들에게 꿈의 시대와 정령들은 거대한 붉은 바위산처럼 구체적인 현실입니다. 오히려 이 세상이 꿈처럼 느껴지죠. 원주민들의 삶은 꿈을 상기하며 꿈길을 순례하는 것입니다. 이제 이들은 이 세상을 떠날 채비를 한다고 합니다. 후세를 남기지 않고 꿈의 세계로 떠나는 것이지요. 그리고 땅을 소유하는, '무탄트'라고 불리는 이상한 현대인들에게 그들의 메시지를 전하기도 했습니다. 이들에게 자연은 꿈의 선조들의 일부이며 그 자체가 성소입니다. 인간 역시 자연에 속하는 것이고요.

우주가 한 점에서 폭발해 지금의 우주를 만들고, 이 순간도 팽창하고 있다는 현대의 과학적인 우주 창조 가설은 사실 호주 원주민의 꿈의 시대 이야기와 다를 바 없는 신화입니다. 과학적 신화죠. 과학적이라고 볼 수는 없지만, 합목적적인 원주민의 세계는 현대의 대폭발 이론만큼 매력적입니다. 매우 심미적이고 윤리적이죠. 이들의 이야기를 들으며 '나'라는 꿈을 꾸었던 정령은 누구일까 상상해보곤 했습니다. 그 정령이 순례한 노랫길과 자연 속에 남긴 흔적도요. 만물이 정령들의 꿈인 호주 원주민들의 마음속 리듬을 느껴봅니다. 꿈길에서 노래하고 춤추고 이야기하며 순례하는 자들의 삶의 리듬을. 무한히 팽창하고 있는 우주에 사는 사람들의 리듬과는 사뭇 다른, 삶의 리듬을 말이죠.

일본에 가제오 메구루라는 소녀가 있었습니다. 소녀는 미야자와 겐지를 좋아하는 동호회의 일원이었습니다. 미야자와 겐지는 식물, 바람, 물, 구름과 대화했던 시인이자 동화 작가입니다. 이 모임에는 자연의 마음을 이해할 수 있는 사람들이 있었는데, 소녀도 그중 하나였습니다. 소녀는 15세 되던 해에 자연의 소리를 듣기 시작했습니다. 나무와 풀과 꽃이 부르는 노래가 들린 것이죠. 소녀는 이 자연의 노래를 전곡轉曲했습니다. 작곡한 것이 아니라 단지 전달했기에 전곡이라 합니다. 공자가 도를 만든 것이 아니라 전한 것과 같습니다. 노래에는 〈사과나무 꽃의 저녁 노래〉, 〈봄바람 노래〉, 〈활짝 갠 가을날의 단풍 노래〉 같은 것이 있습니다. 비전문가가 만든 단순한 멜로디에 사람들의 두통이 낫고, 오십견이 풀리고, 아픈 다리가 회복되기도 했습니다. 자연의 음악에 치유의 파동이 있었던 것이죠. 갖가지 질병이 호전되는 현상이 계속 나타나자, 자연 음악이 널리 보급되었습니다. CD도 나오고, 연구소도 만들어졌죠. 소녀는 "식물은 음악으로 말하고, 인간의 말도 음악으로 듣는다"라고 합니다. 자연은 쉼 없이 치유 파동을 내주고 있으며, 자연을 아끼는 사람만이 파동을 받을 수 있다고 하죠. 그래서 '자연에 말 걸기'가 필요합니다. 참으로 아끼고 사랑하는 마음으로 전하는 "고마워" 같은 말들."

숲에 들면 숲의 소리가 들립니다. 바람 소리, 나뭇잎 밟는 소리, 새소리 같은 평범한 소리들. 정령들의 꿈인 호주 원주민이나 자연과 대화하는 일본의 소녀처럼 교감하지 못할지라도, 마음을 열고 숲의 리듬에 빠져봅니다. 구체적이고 사실적이며 일상적인 숲의 소리들은 그 자체로 꿈이나 노래 같습니다. 해가 뜨고 바람이 불고 해가 지는 리듬, 꽃이 피고 잎이 나고 열매를 맺고 낙엽이 지는 리듬. 이에 동조하면, 평범하기 짝이 없는 숲에서 문득 하염없는 축복이 쏟아질지도 모릅니다. 겨울나고 피어나는 소박한 꽃의 리듬으로.

# 아름답다는 말

*나는 믿네.*
*풀잎 하나가*
*저 별들의 운행에 버금가는*
*오묘한 신비임을.*
*–월트 휘트먼*

겨울 산 빛은 나무에 실핏줄처럼 돋아 있는 잔가지가 모여서 만들어냅니다. 새싹이 돋는 봄의 산 빛만큼 부드럽고, 단풍 든 가을 산 빛과는 다른 느낌의 빛을 겨울 산은 지니고 있습니다. 겨울 산에서 유독 눈에 잘 띄는 나무가 자작나무입니다. 자작나무는 높이 뻗어 오른 하얀 나무줄기가 눈부십니다. 자작나무 껍질이 흰 이유는 바깥쪽 나무껍질 세포들의 속이 비어 있어, 미세한 공기구멍들이 빛을 모든 방향으로 방사하기 때문이라고 합니다. 겨울의 눈송이가 눈부시게 빛나는 원리와 같다고 합니다. 비어 있어서 빛을 발하는 것이죠.

자작나무는 건조하고 척박한 땅에서도 잘 사는 강인한 나무입니다. 시베리아 원주민들은 자작나무를 신성시했다고 합니다. 자작나무를 통해 영혼이 하늘로 올라간다고 믿었습니다. 자작나무의 새하얀 껍질은 신성한 글과 그림을 그리는 도구로 사용되었습니다. 우리 무속에서 사용하는 하얀 종이꽃이 자작나무 껍질의 흔적이라는 설이 있습니다. 무덤에서 발굴된 아름다운 신라 금관이 자작나무의 모양을 본떴다는 설도 있고요. 금관에 달린 곡옥曲玉과 나뭇잎 모양의 장식들도 신라인들이 자작나무를 숭배하던 북방 기마 민족의 후예라는 사실을 보여준다고 하지요.[12] 하늘 위로 높이 뻗은 눈부신 자작나무는 이런 상상을 자연스럽게 만듭니다. 자작나무를 비롯한 많은 나무, 풀, 동물은 이야기를 지니고 있습니다. 이야기가 이들을 더욱 빛나게 만듭니다.

생명은 빛에서 시작되었습니다. 빛은 근원적인 에너지원이죠. 지구상의 생명체는 모두 탄소 화합물로 구성되어 있습니다. 식물은 태양 에너지를 이용해서 물과 이산화탄소에서 탄수화물을 합성하고 산소를 발생합니다. 여기에서 다양한 유기물이 생산됩니다. 대부분의 동물과 미생물은 식물에 의지해 영양과 에너지를 얻습니다.

숲 속에 서 있으면, 만물은 빛의 변형이 아닌가 하는 느낌이 듭니다. 언 땅에 마른 작대기처럼 꽂혀 있던 줄기에서 진달래가 피어날 때, 어디에서 저런 빛이 나오나 감탄하게 됩니다. 그 빛은 마른 나무 작대기가 이미 품고 있는 것이었죠. 누구에게나 자신의 빛이 있습니다. 자작나무 껍질의 눈부시게 흰 빛도, 봄 산에 노랗게 피어나는 산수유 꽃의 빛도, 뚝뚝 목을 부러뜨리는 동백꽃의 붉은 빛도, 모두 그 안에 이미 품고 있던 것입니다. 숲 속을 가르며 흘러가는 냇물도 맑은 빛이고, 나뭇가지 사이를 옮겨 나는 작은 새도 귀여운 빛입니다. 새의 노랫소리도 빛이죠. 허공을 따라 진동하는 아름다운 빛. 씨앗이라는 빛이 나무라는 빛이 되고, 아기라는 빛이 청년이라는 빛이 되어, 각자의 빛으로 생을 살다 때맞춰 하늘로 돌아가 하늘빛이 됩니다.

깊은 명상에서 보는 눈부시게 환하고 부드러운 빛. 이 빛이 우리의 근원일지도 모르겠습니다. 태곳적 하늘에서 쏟아지던 빛의 기억을, 추운 겨울 야산의 마른 작대기가 품고 있다가, 봄이 되면 꽃으로 환히 발하는 건 아닐지. 자연의 아름다운 빛이 없다면, 우리는 '아름답다'는 말을 어떻게 이해할까요? 숲이 없는 세상을, 숲의 빛을 잃은 자연을, 우리 인간을, 상상해봅니다.

ⓒ표정

## 자연의 병원,
## 숲 치유 이야기

### 숲의 기억

숲 치유는 산림 치유, 산림 테라피 등으로 불립니다. 숲을 이용해 신체적 · 정신적 건강을 회복하는 모든 활동이 숲 치유라고 할 수 있습니다. 우리 신체는 자연의 자극을 받으면 그에 따라 본래의 자연성을 회복합니다. 육체와 정신이 이완되고 쾌감을 느낍니다. 스트레스가 줄고, 면역 기능이 높아져 병이 잘 걸리지 않게 되고요. 이는 직관적이고 감성적인 반응입니다. 인류가 진화한 500만 년 동안 대부분의 시간을 자연 속에서 살아온 결과이기도 합니다.

인간이 자연을 지키며 공존하는 까닭은 이미 그렇게 행동하도록 유전자에 프로그램 되어 있기 때문이라는 주장이 있습니다. 에드워드 윌슨의 '바이오필리아' 가설입니다. 인류가 진화한 장소인 사바나의 경관을 현대인들도 가장 좋아한다는 가설도 있습니다. 고든 오리언스의 '사바나 가설'입니다.[13] 두 가설 모두 숲의 기억을 신체와 정신에

각인하고 있다는 이야기입니다.

직장인을 대상으로 한 연구에 따르면, 대기업에 근무하는 중년 직장인 중 자각 증상은 없지만 면역이 떨어지는 이른바 '피곤한 회사원'들이 이틀 동안 6시간의 숲 산책을 한 결과, NK세포(자연 살해 세포. 면역 기능, 항암 지표로 사용) 활성이 첫째 날에는 27퍼센트, 둘째 날에는 53퍼센트까지 증가했다고 합니다.[14] 스트레스 호르몬인 코르티솔 수치 조사, 뇌파 측정 등을 통해서도 숲의 생리적 이완과 정신적 안정 효과가 입증되고 있습니다. 인체의 생리 기능을 측정하는 장비들이 발달해 숲의 치유 효과를 입증하는 연구 결과들은 앞으로도 계속 쏟아져 나올 것입니다. 우리가 이미 느끼고 있는 것을 과학으로 입증하는 것이죠.

숲의 생리적 · 심리적 치유 효과가 많이 알려지면서 숲 치유에 관심이 높아졌습니다. 단순한 휴양이 아니라 치유라는 적극적인 휴양을 원하는 것이죠. 숲을 이용한 치료법을 개발하고, 숲 속 활동에 도움이 될 시설을 만들기도 합니다. 숲 치유 전문가를 양성하는 기관들도 생겨납니다.

우리나라는 국토의 64퍼센트가 숲입니다. 6 · 25전쟁 이후 황폐화된 숲을 1970년대부터 녹화 사업을 통해 성공적으로 조성한 것이죠. 국토 중 숲이 차지하는 비율은 알프스 산이 있는 스위스가 30퍼센트, 산림을 활용한 오랜 자연 요법의 역사를 지닌 독일이 32퍼센트, 대산림국이라는 캐나다와 미국이 34퍼센트와 37퍼센트, 거대한 아마존 강이 흐르는 브라질이 57퍼센트 수준이니, 우리나라의 숲 비율은 매우 높은 편입니다. 산림의 비율이 70퍼센트 선인 나라는 일본, 핀란드, 스웨덴 정도입니다.[15]

숲 속 휴양에 대한 요구가 늘어나면서, 1980년대 중반부터는 산림 휴양 정책을 통해 휴양림을 조성했습니다. 2008년 기준으로 우리나라에는 126개의 자연 휴양림이 조성되어 있다고 합니다. 숲길도 많이 만들어졌습니다. 멋진 경관을 볼 수 있도록 시야를 확보하고, 앉거나 누울 의자를 두며, 표지판을 세웁니다. 등산로처럼 정상 정복을 목표로 한 급경사가 아닌, 완만한 경사에 숲의 경관을 감상하며 걸을 수 있는 길을 만드는 것입니다. 새소리, 시냇물 소리, 피톤치드의 향과 흙 냄새, 낙엽의 감촉, 나뭇가지를 스치는 바람 등 오감을 자극할 수 있도록 설계합니다. 노인, 아이, 여성도 안심하고 가볍게 걸을 수 있는 산책길입니다. 이른바 테라피 로드 디자인Therapy Road Design에 따라 조성

된 치유의 길입니다.[16]

## 숲은 하나의 세계

숲은 자연 병원으로도 불립니다. 인간의 자연 복원력과 자기 회복력을 증진하는 천연 치료가 가능한 곳이라는 의미입니다. 숲은 스트레스 지수를 낮추고, 고혈압을 저하하며, 우울증을 개선합니다. 암과 아토피 같은 환경성 질환을 치료하는 병원이 숲 속에 들어서기도 했습니다. 히포크라테스 시절부터 치료는 자연 속에서 치유력을 키우는 방법으로 시작되었습니다. 숲은 한약재, 아로마, 나무 열매, 목재의 원천이기도 하죠.

숲은 또한 생태적인 공간입니다. 숲의 상층에는 고목이, 중간에는 저목이, 하층에는 초목이 계층 구조로 형성되어 있습니다. 숲 속에는 동물과 미생물이 살고 있고요. 하늘은 햇빛과 비를 뿌려줍니다. 숲은 이 모든 것이 생명의 그물망을 형성하며 살고 있는 장소입니다. 숲은 빗물을 머금어 녹색 댐이라고도 불립니다. 숲에 내린 비는 낙엽층과 토양을 통과하는 과정에서 정화됩니다. 이 물이 강으로 흘러가 식수로 사용됩니다. 이산화탄소를 흡수해 대기를 맑게 하고, 산소를 공급해 우리를 숨 쉬게 합니다. 피톤치드를 선사하고, 방음 기능으로 소음을 줄여주고, 새소리와 바람 소리 같은 쾌적한 음악을 선물합니다. 강한 바람을 막는 방풍 기능으로 집과 마을을 보호하기도 합니다. 우리는 숲이라는 생태계의 그물망 안에 깃들어 삽니다. 숲은 하나의 세계입니다.

숲은 철학과 예술의 원천이기도 합니다. 노자는 무위자연을 말했습니다. 춘추 전국 시대의 혼란한 세태는 욕망에서 비롯되었으며, 가식과 위선에서 벗어나 본래의 자기 모습으로 살려면 자연처럼 살아야 한다고 말합니다. 인위적인 것을 버리고 무위자연의 이치에 따라 살 때 개인의 자유와 세상의 평화가 실현된다는 것이죠. 공자는 태산에 오른 후에 천하가 작다는 것을 알았고, 인자는 산을 좋아한다仁者樂山고 말했습니다. 제자인 맹자도 높은 곳에 오르려면 반드시 낮은 데서부터 시작해야 한다는 평범한 진리를 산에서 깨쳤습니다.[17] 헨리 데이비드 소로는 월든 호숫가에 오두막을 짓고 살며 숲 생활의 빛나는 성찰을 글로 남겼습니다. 그는 국가 권력을 부정해 납세를 거부하고 숲에 들었죠. 하나의 저항이었습니다. 거기서 그는 친자연적이고 자족적인 절제의 삶을 보여주었습니다. 이상적 공동체 건설의 꿈과 숲으로 귀향하고 싶은 인간의 향수를 자극하기도 했고요.

우리 선조들도 산을 많이 찾았습니다. 산수를 유람하며 사색하고 자연의 덕을 배웠습니다. 숲은 자기 수양의 공간이었으며, 시와 예술의 배경이자 뿌리였습니다. 마을의 정자에 모여 바람을 음미하고 달과 놀았습니다. 산속 명당자리의 절들은 자연 속에서 마음을 닦고자 했던 이들의 유산입니다. 자연이 곧 시이며 신이었습니다. 옛날에는 마을에 숲을 조성했습니다. 숲을 생활 세계에 더 깊이 끌어들인 것이죠. 마을 어귀에 숲을 만들어 휴식의 공간으로, 마을을 지키는 방풍림으로 사용했습니다. 성황당이 있는 숲은 인간이 숭배하며 정신적 지지를 구하는 성소이기도 했습니다.

만약 숲이 없었다면 인간의 철학과 예술에 무엇이 남았을지 상상해봅니다. 숲이 사라진다면 우리는 어떤 공간에서 어떤 생각을 하며 어떤 정서로 공동체를 이루고 살지 짐작해봅니다. 우리는 극빈한 존재가 되었을 것입니다. 영혼과 정서가 빈한할 뿐 아니라, 육체마저 빈약한 서러운 존재가 되지 않았을까요?

# 휴休 + 넷

# 안이 없고 바깥이 없는

ⓒ표정

# 신의 음성

*나는 삶의 매순간을*
*하나의 꽃으로 바라본다.*
*들에 핀 데이지처럼 평범하고도 특별한*
*–메리 올리버, 「신비로의 부름」 중에서*[1]

깊은 새벽, 방 안에 우두커니 앉아 잠 못 드시는 아버지를 종종 보았습니다. 그 시간 아버지는 무언가를 홀로 대면하고 계셨습니다. 새벽빛에 비친 아버지의 실루엣이 참 쓸쓸해 보였습니다. 아버지는 방 안의 불을 밝히고 고전 영화를 보시거나, 낡은 『동의보감』을 펼쳐놓고 무언가를 하나하나 짚어보기도 하셨습니다.

먼 훗날 아버지의 암 투병 때도, 깊은 새벽 우두커니 앉아 계신 아버지를 보았습니다. 그 시간에도 아버지는 무언가 홀로 대면하고 계셨습니다. 새벽녘 아버지의 실루엣은 부서질 듯 슬픈 형상이었습니다. 그리고 방에서는 느리고 평화로운 피아노 소리가 들렸습니다. 아버지는 어둠을 더듬어 오디오의 단추 하나를 눌렀는데 피아노 소리가 울리더라고, 그게 당신을 살릴 것 같더라고 말씀하셨죠.

너무 고요해서 존재하지 않는 것 같은 소리. 이제 아버지는 먼 하늘로 떠나셨지만, 가끔 아버지의 음악을 듣습니다. 그 음악은 누구나 가는 길을 먼저 가신 아버지를 그리워하는 것만 같습니다. 내게 귀를 기울이는 사람이 소중한 법이니까요.

밤이 되면 아기에게 자장가를 불러주는 시간이 참 좋았습니다. 아기가 조용히 제 음성에 귀를 기울이는 시간, 아기의 숨소리가 제 귓가에 스치는 시간, 현실에서 잠으로 함께 건너가는 시간이죠. 이 몽상적인 시간에 동요나, 어릴 적 듣던 유행가나, 직접 지은 노래를 불렀습니다. 가슴에서부터 무엇이든 부르는 거죠. 낮은 목소리로 느리게 반복해서 부르다 보면, 어떤 노래든 자장가가 된다는 사실을 알아챌 수 있습니다. 가사를 바꾸어 부르기도 합니다. 사랑, 용기, 지혜, 평화, 건강처럼 아기에게 전하고 싶은 것을 호명합니다. 그러면 이 말들의 느낌이 물씬 전해옵니다. 아기를 끌어안고 부르는 자장가의 평화로움을 무엇에 비길까요. 아기가 잠든 후에도 그만두고 싶을 때까지 자장가를 불렀습니다. 그것은 나를 잠재우는 노래이기도 했으니까요.

자장가 부르기와 함께 제게 즐거움을 주는 또 한 가지는 소묘하기입니다. '시간의 점'이라는 노트를 만들어 여행 다닐 때나 심심할 때 연필로 그림을 그려보았습니다. 쓱쓱 그리고 있다 보면, 눈앞의 풍경에 오래 머무르게 되고, 순간의 감정을 깊이 느끼게 됩니다. 좋은 아이디어가 떠올라 혼자 즐거워지기도 하고요. 고갱은 "보기 위해 그림을 그린다"라고 했습니다. 보고 그리는 것이지만, 그리기 위해서 보게 됩니다. 훗날 노트를 들춰보면, 내가 보았던 시간의 점들이 그림으로 이어집니다. 사진보다 느낌이 생생하죠. 무겁지도 비싸지도 않은 도구들입니다. 그렇게 그림을 그릴 때도 마음속에 음악이 흐릅니다. 더 정확하게는 음악적 상태라고 할까요. 그런 상태에 머물러 음악에 취하게 됩니다.

그렇습니다. 마음에 음악이 흐를 때가 있습니다. 그럴 때는 일손을 놓게 됩니다. 아무것도 하지 않고 며칠을 빈둥대며 살 때도 있습니다. 좋아하는 것을 좋아하는 것은 좋은 일입니다. 우리에게는 그런 시간이 필요합니다. 음악은 형체가 없고, 의미가 없어 더 좋습니다. 우리 마음처럼 안이 없고 바깥이 없죠. 그런데 또렷하게 존재합니다.

그리스의 피타고라스는 천체의 음악을 듣기 위해 몸과 마음을 정화했다고 전해옵니다. 몸은 식이 요법으로, 마음은 침묵으로. 그렇게 수학적으로 아름답고 조화로운 음악을 들었습니다. 그것은 그에게 신의 음성이었겠죠. 안이 없고 바깥이 없는 음성. 신은 자신에게 귀를 기울이는 그를 좋아했을 겁니다.

©표정

# 말의 사원

*예술이 치유 효과가 있으려면*
*단순히 고통을 막기만 해서는 안 된다.*
*치료가 목적인 예술에는 오직 하나의 가치만 있다.*
*가능한 한 진실을 보여주는 것.*
*-스티븐 러빈*

도서관 구석 자리에 앉아 시집을 꺼내 읽던 때가 있었습니다. 시의 시대라 불린 시절이었습니다. 대형 서점의 중심에는 시집 판매대가 가로놓여 있었죠. 해가 질 무렵, 누구에게도 방해받지 않을 자리에서, 시집에 실린 시 하나를 펼쳐두고 시어를 하나하나 더듬는 일은 평화로운 휴식의 시간이었습니다. 마치 귀소 본능을 가진 한 마리 동물처럼, 태어나 자란 동굴에 기어드는 일 같았습니다. 그 시간 빈 동굴 속에서 따뜻한 불을 지펴놓고 홀로 시를 대면했습니다. 제게 시어는 의미를 지닌 기호가 아니라 하나의 사물이었습니다. 천천히 되새김질하는 동물처럼 시어를 씹어 먹었죠. 시를 읽으며 내가 얻을 수 있는 평온함은 거기에서 나왔던 것 같습니다. 바람처럼 펼쳐지는 생각과 감정과 느낌을 사물처럼 느리게 씹어 먹는 것.

시詩라는 한자어에는 말言의 사원寺이란 의미가 있습니다. 말로 지어진 사원이 시죠. 좋은 시인을 견자見者라는 말로 표현합니다. 말 그대로 본 사람이죠. 본 사람이 말로 지은 사원이 시입니다. 그러니 그 사원에 들면, 시인이 본 것을 더불어 보게 됩니다. 그것은 아름답습니다. 보았기 때문입니다. 아름답다는 말은 '알다' 또는 '알(알맹이)'에서 기원했다고 합니다. 알을 알고, 알다울 때 아름답습니다. 알맹이를 깨쳤을 때 아름답다고 느끼는 것이죠.

수사와 치장이 아름다움을 낳지는 않습니다. 그것이 알다움을 놓치지 않을 때 비로소 아름답습니다. 아름다움은 우리를 치유합니다. 말의 사원에서 우리는 치유받을 수 있습니다. 게다가 이 사원은 자유롭고 즐겁기까지 합니다. 그러니 해 질 녘 시의 사원에 들어, 입안 가득 고이는 침과 함께 당나귀처럼 말을 씹어 먹어 보시길.

현대는 과잉의 시대입니다. 시처럼 간결하지 않습니다. 불필요한 생각과 감정과 느낌이 팽배합니다. 불필요한 물건도 가득합니다. 과잉의 시대에는 덜어내는 것이 좋습니다. 덜어내면서 본질에 더 가까워지지 않을까 합니다. 지우면서 정확해지는 것이죠. 나를 둘러싼 수사와 치장을 벗는 일이 필요합니다. 옷을 갈아입듯, 목욕탕에 가서 때를 벗듯 정기적으로 해야 할 일들입니다. 그래야 알다워집니다. 우리에게는 붉게 타는 저녁노을을 보고 아! 하는 짧은 탄성을 내뱉는 순간 같은 것이 있습니다. 내가 거기로 다가가는 것이 아니라, 내게로 찾아오는 순간이죠. 이런 순간, 우리는 시인이 됩니다. 본 사람이 되는 것이죠. 수사와 치장이 적을수록 이런 순간은 자주 찾아옵니다. 아주 가끔 무거운 수사와 치장을 비집고 찾아오기도 하지만요. 이 순간을 놓치지 않고, 중심에 두고 살면 아름다워집니다. 그러니 아름다운 일상의 사원을 짓는 일은, 덜어내고 벗겨내는 것에서부터 시작한다고 할 수 있습니다.

예술이라는 즐거운 사원에는 치유의 멘토가 살고 있습니다. 이 멘토는 우리가 찾아가지 않으면 아무것도 할 수 없습니다. 우리를 침묵 속에서 기다리고 있죠. 예술을 감상하고 표현하는 과정은 곧 치유의 과정입니다. 예술은 마음의 빗장을 풀고, 바이러스처럼 사람을 방심 상태로 감염하는 재주가 있습니다. 우리는 무방비로 이 가상 세계에 찾아듭니다. 예술을 통해 우리는 자아가 무시하고 망각했던 것들을 대면합니다. 피하면서 보는 무의식의 얼굴입니다. 자아라는 것은 현실 세계에서 본능적인 욕구를 충족하기 위해 형성된 존재입니다. 자아는 본능의 대책 없는 쾌락 추구에 제동을 걸고, 현실 세계에서 용납될 수 없는 것들은 무의식으로 밀어냅니다.

그러니 무의식에 있는 것들은 우리가 은밀하고 강력하게 원하는 것이기도 합니다. 무의식의 세계에는 옳다거나 그르다는 것이 없습니다. 내가 원하는 것만 고를 수 있는 것도 아닙니다. 부끄러운 욕망과 반도덕적인 감정, 인정하고 싶지 않은 상처, 표출할 수 없는 분노도 있죠. 그리고 무엇보다 이해할 수 없다는 점에서 어두운 세계입니다. 그래서 피하고 싶습니다. 그러나 어둠은 묻어버리고 억누를수록 증폭하고 강해집니다. 팽팽한 풍선의 바람은 빼줘야 합니다. 더 팽창해서 터져버리기 전에요.

무의식과 함께 살아가기 위해서는 무의식을 대면하는 수밖에 없습니다. 무의식을 대면하는 일은 때로 고통스럽습니다. 하지만 통증이 있어야 상처를 대면하고 치유할 수 있습니다. 억압된 무의식의 통증을 풀어야 하는 것이죠. 정신 분석에서는 무의식의 의식화가 곧 치유입니다. 보기만 해도 심리적 내상은 가벼워집니다. 예술은 무의식의 팽팽한 바람을 뺄 수 있는 멋진 도구입니다. 예술 행위를 통해 우리는 무의식의 억압을 풀고 승화할 수 있습니다. 예술은 비유와 상징으로 만들어진 가상 세계입니다. 사실이 아닌 진실을 보여주는 거울이죠. 예술은 가상 세계이므로, 진실을 대면할 수 있는 거리와 힘이 생깁니다. 그런데 이 피하고 싶은 무의식의 세계는 예술의 원천이 되기도 합니다. 우리가 현실에 적응하고 생존하기 위해 요청한 심적 원리이기도 하고요. 사실 고마운 것이죠. 무의식 속에 있는 것들은 단지 자신들을 보아 달라고, 자신의 이야기를 들어 달라고 할 뿐인 것입니다.

유대교 신비주의 카발라에서는 자기 안의 깊은 자아를 네샤마neshama라고 일컫습니다. 네샤마는 우리에게 영감을 주고 우리를 이끕니다. 우리는 미적인 순간과 만날 때, 비록 혼자일지라도 혼자가 아닙니다. 내 안의 깊은 나는 이런 순간에 스스로 드러냅니다. 우리에게는 예술이라는 치유의 멘토가 있습니다. 그것도 아주 가까운 곳에 있죠. 이 아름다운 멘토를 최초로 어두운 동굴 벽에 그릴 줄 알았던 선사 시대 예술가들에게 감사해야겠습니다. 그 첫 마음을 알았던 내 안의 나에게도.

# 밤의 시간으로 가는 춤

*신으로 가는 데는 많은 길이 있다.*
*그중에서 나는*
*춤과 음악의 길을 선택했다.*
*-루미*

엑스터시ecstasy라는 말이 있습니다. 의식이 다른 차원으로 들어가 황홀경을 느낄 때 쓰는 말입니다. 무아지경 같은 상태죠. 이 말의 어원인 그리스어 엑스터시스ekstasis는 '밖에 서 있다'는 뜻입니다. 자기 밖에 선다는 뜻이죠. 자기 밖에 서면 자기가 낯설어집니다. 자기가 보던 세상도 낯설어지고요. 자기를 비운 상태에서 초월적 존재와 하나가 되는 경험도 가능하죠. 낯설게 만드는 예술 체험은 우리를 엑스터시로 이끌기도 합니다.

강강술래는 전남 해안가에서 널리 즐긴 놀이입니다. 달이 가장 밝은 정월 대보름이나 추석에 마을 여성들이 모여 손을 잡고 둥근 원을 그리며 노래하고 춤추는 것이죠. 강강술래는 보름달이 뜨기 며칠 전 아이들이 원을 만들어 춤추며 노는 것에서 시작합니다. 이른바 '아기강강술래'입니다. 며칠을 이렇게 놀다 달이 점점 커져 동산에 보름달이 뜨면 모두가 집에서 나와 넓은 마당이나 해안가의 넉넉한 터에서 춤을 춥니다. 초저녁부터 밤 깊은 시간까지, 커다란 달빛의 자연 조명 아래 본무대가 시작되는 것이죠. 손과 손을 이어 잡고 천천히 원을 그리며 돌면서 춤과 노래를 시작합니다. 처음에는 진양조의 느린 가락으로 시작해 중모리, 중중모리로 점점 빨라지다가, 마지막에는 자진모리로 매우 빠르게 노래하고 춤춥니다. 춤과 노래가 가장 빠를 때 원도 가장 커집니다.

단순 반복해서 돌고 도는 이 춤을 먼 산에서 내려다보면 지상의 보름달과 다를 바가 없습니다. 하늘과 땅이 달을 그리는 사람들로 연결됩니다. 춤추고 노래하는 사람들이 잇는 것이죠. 즉흥적으로 형식을 깼다 갖추었다 하며 자유롭게 뛰어 놉니다. 두세 사람씩 원 안에 뛰어들어 춤추다가 다시 원으로 돌아가면 또 다른 사람들이 뛰어나와 춤추기도 하고, 멍석 말듯이 원을 말았다가 안에서부터 풀어 나오며 다시 둥근 원을 만들기도 하죠. 강강술래는 먼 옛날 하늘에 제사 지내며 춤추고 노래했던 즐겁고 신성한 의식과 다를 바가 없습니다.

강강술래는 달밤에 모여서 합니다. 만물의 경계를 지우는 밤의 예술이죠. 참가자들이 둥근 원으로 이어져 돕니다. 먼저와 나중, 위와 아래가 없이 돌아가는 집단 예술이죠. 춤추고 노래하고 나면 남는 것이 없습니다. 결과가 없는 과정 중심의 예술이죠. 즉흥적이며 개방적인 형식이어서 누구나 놀고 싶은 대로, 놀고 싶은 만큼 놀 수 있습니다. 자유의 예술이죠. 춤과 노래는 단순하며 반복적이고 충분히 깁니다. 희열(트랜스)을 유발하는 전형적 예술입니다. 집단적으로 자신의 바깥에 서도록 하는 것이죠. 강강술래는 매우 치유적인 예술입니다. 강강술래가 끝나고 다시 날이 밝을 때 마을 사람들은 더 환해지고, 더 가까워지고, 더 용서하고, 더 화해하고, 더 나눌 것입니다. 덜 슬프고, 덜 갈등하고, 덜 소외되고, 덜 증오하고, 덜 가난할 테고요.

밤의 시간이 있습니다. 어두워서 보이지 않는 시간이 아닌, 다른 것이 보이는 시간이죠. 서로의 얼굴을 지우고 하나의 얼굴로 노래할 수 있는 시간, 타인의 손을 잡고 춤춰도 부끄럽지 않은 시간, 모닥불을 피워놓고 따뜻한 어둠 속에서 가슴으로 이야기할 수 있는 시간입니다. 따끈한 아랫목에 모여 앉아 할머니의 재미난 이야기를 들은 시간도 밤이었고, 신에게 제사 지내고 술과 노래와 춤을 즐긴 시간도 밤이었으며, 일손을 놓고 들판에서 돌아와 불가에 모여 앉아 기도하며 공동체를 확인한 시간도 밤이었습니다. 선사 시대 예술가들은 횃불을 밝히고, 밤처럼 깊고 어두운 동굴의 벽과 천정에 영적 그림을 새겨넣었습니다. 밤의 시간은 꿈의 시간이며, 내면의 빛이 밝아지는 시간이며, 이해하고 설명하지 않아도 충만한 시간입니다.

낮의 시간이 밤으로 연장되면서 우리는 밤의 시간을 잃었습니다. 더욱 경계하고, 더욱 구분하며, 높낮이를 까다롭게 따지고, 효율적인 형식과 계산적인 시선에 압도되는 시간을 살고 있습니다. 세상에 낮이 있고 밤이 있는 까닭은 낮의 시간과 밤의 시간을 그것답게 살라는 뜻입니다. 해 돋는 아침과 노을 지는 저녁은 다른 시간으로 건너가기 위한 탈피의 시간입니다. 그러니 탈피라곤 없이 밤에도 낮처럼 일하는 것은 삶을 좀먹는 일입니다. 우리는 밤의 시간을 회복해야 합니다.

개미와 베짱이 이야기는 잘 알려져 있습니다. 일하는 개미와 노는 베짱이. 개미는 열심히 일해서 양식을 모아 한겨울을 따뜻하게 날 수 있었지만, 베짱이는 노래하며 놀기만 하다 춥고 배고픈 겨울을 개미에게 빌어먹으며 버티게 되죠. 부지런히 일하라는 이데올로기를 아이들에게 심어주는 데 성공한 이야기입니다. 그런데 사실 베짱이는 한철 잘 놀고, 겨울도 개미 덕에 잘 났습니다. 개미는 한 철 잘 일하고, 겨울을 베짱이 덕에 즐겁게 보냈고요. 그러니 베짱이는 다시 노래할 것이고, 개미는 다시 일할 것입니다. 베짱이가 일하고, 개미가 노는 일은 없을 테죠. 개미가 낮의 시간을 살았다면, 베짱이는 밤의 시간을 살았습니다. 개미와 베짱이는 공존하는 두 마음이 아닐까 싶습니다. 낮의 시간과 밤의 시간을 사는 두 곤충은 서로를 필요로 합니다.

『성경』에는 모세의 이야기가 있습니다. 이집트에서 노예 생활을 하는 모세의 민족에게는 두 가지 삶의 방식이 있었습니다. 하나는 이집트의 지배에 순응하며 '노예로 살기'였고, 다른 하나는 현실을 외면하고 '내세에 살기'였습니다. 둘은 동전의 양면이었습니다. 내세를 기약하며 노예로 살기였다고 할 수 있죠. 내세는 해방을 유예하며 노예적 삶을 용인할 수 있었던 마취제였고, 노예의 핍박받는 삶은 내세를 향한 집착과 몰두를 부추겼습니다.

그런데 모세는 전혀 다른 선택을 합니다. 새로운 땅을 찾아가는 것이었죠. 노예로 순응하며 살기를 거부하고, 내세에 맹목적으로 기대기도 거부했습니다. 대신 내세를 현실로 가져오고자 했죠. 고난이 물론 있었지만, 하늘이 도왔습니다. 모세는 하늘에 연결된 사람이었고, 하늘에 맡길 줄 알았고, 그래서 바다가 갈라졌습니다. 새로운 통찰이 떠오르면 온 우주가 협조하는 것 같습니다. 마치 그것을 계시하려고 지금까지 이런 일들이 있었나 하는 느낌도 들죠. 모세의 선택은 현실을 외면하지도, 꿈을 유예하거나 포기하지도 않는 조화로운 선택이었습니다. 지금 우리에게도 모세의 선택이 필요하지 않을까 싶습니다.

둥글게 원을 그리며 음악에 맞춰 춤을 추는 사람들이 세상 어딘가에 있습니다. 해 질 녘 모여 이 땅을 위해 노래하고 춤추는 사람들, 가지 부러진 나무와 다리 다친 동물을 위해 손을 잡고 춤추는 사람들, 슬픔에 빠진 타인을 위해 기도하며 춤추는 사람들, 자신을 용서하고 사랑하기 위해 춤추는 사람들. 멀리 있을 것만 같은 세상을 지금 여기로 가져와 즐기는 사람들. 그러니 밤의 시간으로 가는 느리고 빠른 춤을 추어야겠습니다. 현실에 머무르지 않고, 내세에 기대지 않는 춤을 추어야겠습니다. 부드러운 통찰과 은은한 해방의 쾌감, 새로운 선택을 가능하게 하는 용기를 얻어야겠습니다. 내 바깥에 서서, 벗들의 손을 잡고, 저 달빛과 더불어.

# 느낌의 공동체

*빨리 가려거든 혼자 가라.*
*멀리 가려거든 함께 가라.*
*빨리 가려거든 직선으로 가라.*
*멀리 가려거든 곡선으로 가라.*
*외나무가 되려거든 혼자 서라.*
*푸른 숲이 되려거든 함께 서라.*
*–인디언 속담*

복숭앗빛 뺨을 뽐내는 청년들이 시를 써서 품평하는 모임을 만들었습니다. 매주 끼적거려서 가져온 시를 놓고 몇 시간씩 앉아 이야기를 나누었습니다. 모임은 해 질 녘 붉은 노을과 함께 시작해서 새벽별 뜬 푸른 새벽에 끝나곤 했습니다. 먼저 써온 사람이 읽고 나면, 말의 몰매를 맞습니다. 말 고문을 당하는 것이지요. 보통 처음 써오는 시는 자기 상처인 경우가 많아 말 고문은 아주 아프지요. 상처를 후벼 팝니다.

잠깐 상찬하고 줄곧 하품만 하는 사람, 시작부터 바로 씹어 먹는 사람, 밑도 끝도 없이 호통치는 사람, 말도 없이 빙그레 쳐다만 보는 사람까지 시를 훑고 지나갑니다. 때로는 말문을 닫고 고개를 끄덕이며 시의 감동을 전하기도 합니다. 마지막 순서로 시인의 변이 있습니다. 반론이든, 변명이든, 다짐이든 하는 것이죠.

여기서 그치면 모임이 아닙니다. 사람을 잡아놓고 그냥 보내다니요. 그래서 술집으로 갔습니다. 술이 들어가면 상처가 켜켜이 묻은 이야기가 오갑니다. 방어 기제가 느슨해지면서 방심한 틈을 타 삐져나오는 것이죠. 술보다 이야기에 모두 취해 느낌의 공동체가 되었습니다. 그 사람을 이해하고 싶어 우르르 집으로 몰려가는 소위 가정 방문도 했습니다. 집에서는 가슴 아픈 상황을 보기도 했지요. 그래서 그렇게 시를 쓸 수밖에 없었구나 이해했습니다. 상처 많은 사람이 시를 쓰던 시절이었습니다. 그래서 느낌의 공동체가 필요했습니다. 상처는 드러내고 나누라고 있었으니까요. 그래야 극복할 수 있었으니까요.

시 모임은 술자리, 가정 방문에서 끝나지 않았습니다. 감각을 깨운다는 핑계로 학교 수업은 팽개치고 산과 들과 바다로 놀러 갔습니다. 돈이 없던 시절이라 무전여행에 가까웠지만 여행은 역시 풍성한 감동을 안겨주었습니다. 학점은 물론 말할 수 없이 나빴습니다. 몇몇은 모임을 견디지 못해 떨어져 나갔지만, 나머지 청년들은 시 쓰지 않는 사람은 사람으로 보이지 않더라고 주워섬겼습니다. 거리로 달려가 돌멩이를 던지거나, 도서관에 퍼질러 앉아 책을 파서 성공하고 싶어 하는 사람들로 양분되던 때, 소수 정예였던 이 모임 청년들은 소유는 싫다며, 단지 존재하고 싶다며 백수가 되었습니다.

인간관계가 삭막한 요즘, 시를 통해 서로를 이해하고자 했고, 술자리에서 여행까지 이어지는 느낌의 공동체를 만들고자 했다는 사실이 부담스럽게 다가올 수도 있습니다. 하지만 형식적이고 단편적인 이해가 아닌, 더 폭넓고 전면적인 공감을 나누려 했던 점은 인정해야겠습니다. 타자를 이해하고 공감하려는 태도를 우리는 잃고 있습니다. 예술을 통해 그런 관계를 회복할 수 있다면, 눈물과 웃음을 공유할 수 있다면, 그것은 인간에 관한 가장 아름다운 이야기로 남을 것입니다.

표현하는 일은 그 과정 자체가 치유입니다. 하지만 드러내는 것 자체가 매우 어렵습니다. 내 이야기를 따뜻이 들어줄 타자가 필요합니다. 느낌의 공동체가 필요한 것이죠. 수용과 공감이라는 태도로 모인 느낌의 공동체. 예술을 통해 느낌의 공동체를 만드는 것은 매우 의미 있는 일입니다. 그리고 이것은 새로운 일이 아니라 우리가 늘 해왔던 일입니다. 아주 옛날부터 말이죠.

"주의 깊게 쓰고 또 읽는다면, 소설은 신화 또는 어느 훌륭한 예술

작품과 마찬가지로 입문식의 일종이다. 그것은 우리로 하여금 특정한 삶의 단계 또는 정신적 차원에서 새로운 차원으로 넘어가는 고통스러운 통과 의례를 견디게 해준다. 소설은 신화처럼 세계를 다르게 보는 법을 가르쳐준다. 스스로의 마음속을 들여다볼 수 있게 해주고, 자기만의 이익을 넘어서는 시각으로 세상을 볼 수 있게 해준다. 만약 전문 종교 지도자들이 우리에게 신화적 지식을 줄 수 없다면, 아마도 예술가들과 작가들이 이러한 성직자의 역할을 맡아서 길 잃고 상처 입은 이 세상에 새로운 통찰을 가져올 수 있을 것이다."[2]

카렌 암스트롱은 『신화의 역사』에서 고대에 신화가 지녔던 사회적 기능을 현대에는 예술이 대신한다고 말했습니다. 신화는 공동체의 공통 기억입니다. 공동체는 그 기억을 공유합니다. 그리고 기억 위에서 가치를 생산합니다. 신화는 사회적 규범과 개인적 윤리의 상징적 근거가 되어줍니다. 현대는 과학과 상식의 시대입니다. 그래서 신화를 말 그대로 받아들이는 경우는 거의 없습니다. 비신화화해서 해석하고 새로운 의미를 부여합니다. 사실보다 이야기로 받아들입니다. 그 신화의 역할을 현대에는 예술이 하고 있다고 합니다.

시를 혼자서 읽는 일은 개인적 행위이지만, 시 낭송회에서 시인과 독자들이 만나 함께 낭송하고 노래하는 일은 집단적 치유 행위로 볼 수 있습니다. 가볍고 즐거운 의례이지만 때로는 여기서 경험한 감동이 인생을 바꾸기도 합니다. 연극과 영화, 오페라처럼 많은 사람이 동시에 한 장소에서 감상하는 예술은 집단적 성격이 더욱 강합니다. 우리나라의 풍물 굿도 치유적이며 종교적인 성격이 강하지요. 마을 공동체 구성원들은 풍물을 한판 벌이며 집단적인 정화와 치유 과정을 거칩니다.

고대 그리스에서도 예술 행위는 집단적인 치유 행위였습니다. 비극은 고대 그리스에서 가장 인기 있는 예술이었습니다. 그리스의 비극은 카타르시스를 통해 공동체 구성원들을 집단적으로 치유했습니다. 또한 비극은 신들에게 바치는 제물이기도 했습니다. 제물은 자신에게 가장 소중한 것을 바치는 것입니다. 『성경』에는 자신의 장자를 신에게 바치는 이야기가 있습니다. 절대 복종의 행위입니다. 신에게 온전히 맡기는 것이죠. 비극은 그리스 사회의 장자였습니다. 가장 소중한 것이었죠. 비극을 신에게 바치면서 공동체의 구성원들은 치유의 경험을 나누었습니다. 인간이 어찌할 수 없는 운명의 힘을 수용하고 겸허해졌습니다. 신에게 맡기고 자유로워졌습니다. 그리스 시민들은 이런 느낌을 공유하며 공동체의 구성원이 되었습니다.

예술가들은 동인을 만들어 활동합니다. 예술 세계를 공유하며 영감을 얻습니다. 놀이와 여행도 함께하지요. 동인들은 질투하고 다투기도 하지만, 서로를 지지하고 함께 사회적 목소리를 내기도 합니다. 수행자들에게는 도반道伴이 있습니다. 도반은 함께 수행하는 벗을 말합니다. 모두 느낌의 공동체라 말할 수 있습니다.

어느 날 제자가 부처에게 말했습니다.

"도반이 수행의 반은 되는 것 같습니다."

부처가 말했습니다.

"아니다. 너는 잘못 알고 있다. 도반은 수행의 전부다."

# 몰입이 휴식이다

*산을 보면 나는 산*
*안개와 연무를 보면 구름*
*이슬비가 내린 뒤의 뜰*
*종달새가 노래하기 시작하자마자 나는 아침*
*−울찌툭스, 「나는」 중에서*

그리스에서 예술은 테크네Techne였습니다. 테크네는 재주, 기술이라는 뜻입니다. 목공 기술, 고기 잡는 기술, 나무 키우는 법, 조리법 등입니다. 이 원래 뜻이 예술을 잘 표현하고 있습니다. 예술은 테크네가 맞습니다. 누구나 하나쯤은 가지고 있는 재주이죠.

전문 예술가를 폄하하는 것이 아닙니다. 다만 예술이 특정인의 전유물이 아니라는 사실을 말하려는 것입니다. 쓰면 써지고, 보면 보이고, 들으면 들리고, 그리면 그려집니다. 이것은 누구나 할 수 있는 일입니다. 누구나 지니고 있는 재주이기도 하고요. 선사 시대 동굴 벽화를 그린 사람이나 『시경』의 노래를 읊은 사람들, 신화와 전설을 만든 사람들 모두 작자 미상입니다. 예외적인 한 사람이 아닌 모두가 만든 것이죠.

전문가가 생산하고 비전문가인 독자나 관람객이 소비하는 예술이 여전히 주류이지만, '나도 예술가'가 되는 시대가 왔습니다. 누구나 예술가입니다. 예술성의 높낮이를 따지기 전에 예술을 창작하는 과정 자체가 나에게는 의미가 있습니다. 나의 이야기를 통해 내가 정화되기 때문입니다. 에이브러햄 매슬로는 먹고사는 생존 욕구, 공동체 구성원이 되고자 하는 사회적 욕구 등이 채워지면 자연스럽게 자기실현의 욕구가 생긴다고 말했습니다.

우리 선조들은 문집이란 걸 하나씩 남겼습니다. 시골의 이름 없는 양반들도 자신의 호를 딴 문집을 하나 정도는 남겼습니다. 시문, 사사로운 일기와 편지글, 사회를 향해 내뱉는 격문과 인물평 등 다양한 글을 엮었습니다. 붓으로 그린 난과 매화 등을 묶어내기도 했고요. 직업적인 예인이 아니었지만 자기표현에 적극적이었습니다. 표현 행위가 곧 자기 수양이었습니다. 자기실현의 욕구를 그렇게 다스린 것이지요.

예술을 감상하고 표현할 때는 '되기'보다 '살기'의 자리에 서는 것이 좋습니다. 무엇이 되기 위해 지금 여기의 삶을 산다는 것은 고단합니다. 그것보다는 '나는 이미 무엇이다'라고 마음먹고, 그 무엇으로 지금 당장 살아가는 것이 재미있습니다. 전자는 나는 그들과 다르다는 것을 전제로 합니다. 그리고 먼 정상을 향해 산을 오르는 것과 같죠. 지금은 아니지만 언젠가는 도달할 거라는 마음으로 애를 씁니다. 나와 다른 존재들을 동경하고 뒤따르려고 합니다.

반면 후자는 나는 그들과 다를 바 없다는 사실을 압니다. 이미 정상에 도달한 마음으로 느긋합니다. 산 정상에서 하늘도 올려다보고 아래 풍경도 내려다봅니다. 시야가 다르고 관점이 다릅니다. 이때 예술하기는 산을 내려오는 일과 같습니다. 여유 있고 가볍습니다. 예술가는 나와 다른 존재가 아닌, 다른 개성을 지닌 동료일 뿐이죠. 기죽지 않고 내 작업을 합니다. 생활인들의 예술을 농담 삼아 '야술'이라고 말하곤 했습니다. 예술을 팔아서 먹고살지 않아도 되는 생활인들은, 예술 자체를 즐길 수 있는 더 좋은 조건을 지니고 있습니다. 비교나 평가에 빠지지 않고 자기표현을 즐길 수 있습니다. 야술하는 자유를 잘 누릴 수 있습니다.

날마다 종이를 펴 글을 써보세요. 의례를 치르듯 정기적으로, 하지만 자유롭게, 마음대로, 나오는 그대로, 하루 10분이라도 조용히 자신을 표현하고 정화하는 시간을 보내보세요. 안 써지면 낙서라도 좋습니다. 내 글을 검열할 필요는 전혀 없습니다. 타인에게든 자신에게든. 누군가에게 보여주어야 하는 것도 아닙니다. 뼛속까지 모두 드러내 써보세요. 일기가 될 수도, 시가 될 수도, 짧은 이야기가 될 수도 있습니다. 결과가 아닌 과정이 글 쓰는 이유입니다. 과정에 충실하면 그것으로 충분합니다.

음악을 듣고 노래해보세요. 어린 날 들었던 동요부터 젊은 날의 대중가요, 클래식과 국악과 월드 뮤직, 신에게 바치는 노래, 각 대륙 원주민들의 민속 음악까지 들어보세요. 생음악이면 더 좋습니다. 느낌이 가는 음악이라면 무엇이라도 무방합니다. 자리를 깔고 편안히 바닥에 누워 호흡하며 들어도 좋습니다. 음을 따라 고요히 집중하면 그것이 명상입니다. 음악을 다 듣고 나면 자리에서 바로 일어나지 말고, 침묵 속에서 마음에 남아 있는 울림을 좀더 들어봐도 좋습니다. 저녁 시간 전깃불을 끄고 촛불을 하나 정도 켜두고 듣는 것도 좋습니다.

악기를 배워 연주하는 것은 더 좋습니다. 늘 악기를 곁에 끼고 애인처럼 다루어보세요. 악기는 평생 변심하지 않고, 다른 애인이 생겨도 나무라지 않습니다. 목소리는 가장 좋은 악기입니다. 휴대성이 가장 높고, 내 가슴과도 가장 가깝습니다. 자신의 목소리를 스스로 잃어버리지 마시길.

음악에 맞춰 춤을 추는 것도 좋습니다. 노래처럼 춤도 나와 가장 가까운 도구를 씁니다. 바로 내 몸이죠. 날개를 펴 새가 되었다고 상상하며 몸을 움직여보세요. 하늘을 날아가는 느낌이 실제로 듭니다. 몸을 느끼며 천천히 움직임을 즐겨보세요. 느낌과 감각을 잃은 좀비처럼 살지 말고, 노래하고 춤추며 생동하는 인간으로 살아보세요. 그렇다고 예술처럼 보여야 한다는 강박감에 사로잡히지 말고, 가벼운 마음으로 즐거운 의식처럼 정기적으로 해보세요.

벗들과 더불어 춤을 추면 더욱 좋습니다. 둥글게 원을 만들어 함께 춤출 수 있습니다. 인디언들이 가운데 불을 피워놓고 춤을 추듯이, 달빛 아래 달처럼 둥글게 돌며 강강술래를 하듯이. 신바람을 내보세요. 모두가 모두를 수용한다면 신바람은 더욱 커집니다.

예술에는 정석이 없습니다. 그랬다면 지금의 예술은 없었을 것입니다. 예술은 늘 전통을 품으면서도 그것을 뚫고 나왔으니까요. 우리에게는 누구나 하늘에서 선물로 내린 재능이 있습니다. 감출 수 없는 내 선물을 나누어주세요. 수용하고 공감하는 느낌의 공동체를 만들어서 생활 예술 축제를 여는 겁니다.

이 모든 일은 긴 시간이 필요하거나 특별한 재능을 요구하는 것이 아닙니다. 단지 이 즐거움을 위해 마음의 중심 자리를 비워두면 됩니다. 그러니 자신 있게 발설하세요. 나는 나보다 큰 존재입니다. 그것을 믿어보세요. 느낌의 공동체는 집단이 가지는 파장으로 울림이 더 큽니다. 벗들과 나의 '야술'을 나누세요. 그리고 순수한 몰입의 순간을 즐기시길. 몰입이 곧 휴식입니다.

## 즐거운 해방,

## 예술 치유 이야기

### 치유는 전체성의 회복

예술 치유는 무엇일까요? 모든 개념이나 범주는 유사성을 지니고 있어 중복되고 교차됩니다. 그래서 지속적으로 확장되는 열린 개념일 수밖에 없습니다. 예술 치유도 마찬가지입니다. 열린 개념이란 전제 아래 살펴보면, 치유는 영어로 힐링healing입니다. 힐링은 그리스어 홀로스holos에서 유래했습니다. holos는 holy(신성한, 영적인), whole(전체성)을 의미합니다. 건강health과 어원이 같습니다. 치유는 신체적, 정신적, 영적으로 불완전한 상태가 전인적인 건강 상태로 회복되는 것입니다. 본래의 전체성을 회복하는 것이죠.

치유와 유사한 개념으로 치료가 있습니다. 치유는 치료와 대비해볼 때 특성이 더 잘 드러납니다. 치료는 영어로 테라피Therapy입니다. 테라피는 therapeai(도움이 되다, 병을 고쳐주다)에서 유래한 말입니다.

치유와 치료는 유사한 개념입니다. 하지만 치유는 감성적인 부분과

자가 치유력의 의미를 내포하는 반면 치료는 의료적 처치의 개념으로, 의학적으로 근거가 있는 처치 방법이 있어야 합니다. 치료가 과학적 · 의학적 개념이라면 치유는 경험적 · 정서적 · 영적인 개념이라고 할 수 있습니다.[3]

예를 들어 수술과 약물 치료로 회복이 어려운 암 환자가 있다고 하죠. 이 환자는 의학적으로 치료가 불가능합니다. 하지만 그는 현생을 묵묵히 정리하며, 미워했던 사람을 용서하고, 병으로 인한 고통을 다스리며, 가족과 친구들의 사랑 속에서 감사한 마음으로 죽음을 맞이할 수도 있습니다. 이 환자는 '치료' 되지는 못하지만 '치유' 될 수는 있습니다. 누구도 피할 수 없는 죽음을 남보다 빨리 맞이할 뿐, 암이라는 치명적인 병으로 인해 이 환자는 더욱 성숙하고 온전한 인간으로 내적 변화를 일으킨 것입니다. 이런 변화로 인해 기적적으로 암에서 회복하는 사례도 있습니다.

다소 극단적인 비유이지만, 이를 통해 치유와 치료의 차이점을 분명히 알 수 있습니다. 치료는 의학적 처치이며, 치유는 내적으로 온전해지는 과정입니다. 치유는 치료보다 포괄적인 개념입니다.

그렇다면 예술 치유는 예술을 통해 신체적 · 정신적 · 사회적 · 영적인 치유 행위를 하는 것입니다. 예술 치유의 주된 관심사는 예술적 경험을 통한 참여자의 변화입니다. 그래서 예술 치유는 예술 행위의 결과물로서의 작품보다 예술 행위라는 내적 과정을 중시합니다. 그리고 참여자의 내적 변화를 위해 여러 장르의 예술을 통합적으로 활용합니다.[4]

### 예술 치유의 기원은 원시 제의

예술은 원시적 제의에서 기원했다고 알려져 있습니다. 원시 제의는 의술과 종교의 기원이기도 했습니다. 선사 시대에 예술, 의술, 종교는 경계가 뚜렷하지 않았습니다. 다만 인간의 원초적 본능이 모체라는 것만은 분명했죠. 선사 시대 동굴 벽화나 암각화는 매우 사실적이고 표현적인 원시 미술일 뿐 아니라, 치료 의식이나 풍요 의식에서 마력을 발휘하는 신성한 그림이었습니다. 가죽으로 만든 북, 뼈로 만든 피리, 뿔로 만든 나팔 같은 악기들은 영혼을 부르는 신성한 소리를 냈고, 이를 따라 집단적 가무와 극적 행위가 제의 현장에서 펼쳐졌습니다. 원시 제의는 공동체의 신성한 종교 의식이자 치료 의식, 예술 축제였습니다. 인간은 이와 같은 자연 발생적 창조 행위를 통해 우주와 연결되고, 그 힘으로 개인적 질병과 공동체의 재난을 물리친다고 믿었습니다. 예술은 창조적이고 근원적인 인간 존재의 표현입니다. 그리고 기원부터 치유적이었다고 볼 수 있습니다.

원시적 제의 행위에는 샤먼이라 불리는 제사장이 있었습니다. 샤먼은 주술 의사이자 예술가이기도 했습니다. 공동체의 치유자이자 인도자였죠. 종교학자 미르체아 엘리아데에 따르면, 희열(트랜스)을 느끼는 상태에서 샤먼의 영혼은 하늘로 올라가거나 지하 세계로 내려간다고 합니다. 이들은 그림을 그리고, 북을 치고, 노래를 부르며, 주문을 외우고, 체온을 조절하거나 환각제를 이용해 황홀한 상태에 듭니다. 그리고 하늘과 지하 세계의 신성한 힘에 연결되어 환자의 병을 고치고, 죽은 자의 넋을 저승으로 돌려보냅니다. 엘리아데는 고대 샤머니즘의 기원을 중앙아시아로 봅니다. 샤머니즘은 한국을 비롯한 동북아시아의 무속 문화에 직접적인 영향을 미쳤죠. 신선을 뜻하는 선仙이라는 말이 샤먼의 변형이라는 설이 있습니다.[5]

옛 문헌에 보이는 부여, 고구려, 삼한의 제천 의식은 밤낮을 가리지 않고 술 마시고 노래하고 춤추는 것이었습니다. 이 역시 샤머니즘이 발전한 형태 아닐까요. 신라 시대 화랑의 으뜸을 국선國仙이라 칭했는

데, 이 역시 샤먼의 후예가 아닐까 싶습니다. 중앙아시아의 샤머니즘은 동쪽으로 동북아시아를 넘어 아메리카 대륙으로 전파되고, 서쪽으로 소아시아를 거쳐 고대 그리스로 건너갔다고 알려져 있습니다. 고대 그리스로 건너간 샤먼은 디오니소스 축제에 모습을 드러냅니다. 디오니소스 축제는 망아忘我의 축제죠. 이 주술적 제전은 그리스 연극으로 발전합니다. 샤머니즘은 세계 문명의 저류에 흐르고 있습니다.

원시 제의의 치유 과정은 참여자의 표현(춤, 노래, 이야기, 그림 등), 치유적 개입자의 존재(제사장 또는 샤먼), 치유적인 환경(제의 형식), 치유 과정을 공유하는 집단의 존재(부족)을 구성 요소로 합니다. 이는 오늘날 예술 치유의 구성 요소인 참여자, 예술 행위(표현과 감상), 치유 전문가의 개입, 치유적 환경이라는 요소와 유사합니다. 원시 제의는 공동체 전체의 문제를 해결하고, 치유를 통해 건강한 공동체를 만들기 위한 집단 예술이기도 했습니다.

## 음악으로 좋은 영혼을

선사 시대 이후 고대 세계에서도 예술은 치유의 도구로 쓰였습니다. 고대 인도에서는 신비 상태에 이르기 위해 우주와 하나가 되는 특별한 의식을 했는데, 여기에 음악을 사용했습니다. 이 의식용 음악을 베다찬트라고 부릅니다. 베다찬트는 매우 정확한 음정으로 불러야 했습니다. 음정이 불안하면 몸과 마음, 정신 간의 균형이 깨진다고 보았죠. 인도의 라가raga 선법旋法(음계를 음정 관계 · 으뜸음의 위치 · 음역 등에 따라 세분한 음의 순열)은 의학적인 도구로 사용되었습니다. 라가는 특정한 기분, 심리 상태, 기질을 조율하는 데 효과적이라고 믿어졌고, 특정한 상황과 시간대에 맞는 라가를 불러야 했습니다. 남녀의 사랑을 노래하는 라가를 비롯해 기쁨, 슬픔, 분노, 용기, 공포, 좌절을 위한 라가가 있었고 평화, 고요, 이완을 위한 라가도 있었습니다.

고대 그리스의 철학자 피타고라스는 이탈리아 남부 크로톤에 공동체를 만들어 살았습니다. 이곳의 구성원들은 영혼의 환생을 믿었습니다. 청정한 삶을 통해 윤회에서 벗어나기를 원했죠. 그래서 이들은 엄격한 정신적 · 신체적 식이 요법을 했고, 조화가 깨져 병이 생기면 신체적 균형은 의술로, 정신적 균형은 음악으로 치유했습니다. 피타고라스는 하늘의 별들이 질서 있게 움직이며 소리를 낸다고 믿었습니다. 천체 음악이죠. 인간의 귀로는 들을 수 없는 소리입니다. 피타고라스는 현弦의 수학적 길이와 소리 사이의 관계를 발견해 음계를 만들기도 했습니다. 그에게 조화란 수학적 비율의 문제였고, 숫자가 사물의 본질이었습니다. 그리고 음악은 천체를 반영하는 소우주였습니다. 수학적인 우주였죠. 우주의 조화로운 질서를 반영하는 음악은 좋은 영혼을 만들 수 있었습니다.[6]

피타고라스 이후 고대 그리스에는 예술을 바라보는 두 가지 관점이 있었습니다. 그리스의 두 현자, 플라톤과 아리스토텔레스의 관점입니다. 음악을 예로 들어보면, 플라톤은 음악을 구성하는 기본 재료인 선법으로 권장할 음악과 그렇지 않은 음악을 구분했습니다. 부드러움, 나태함, 슬픔, 한탄을 만드는 리디아와 믹솔리디아 선법은 규제하는 반면, 절제와 용기를 고무하는 도리아와 프리기아 선법은 권장했습니다(고대 그리스의 음악에서 음계는 히포도리아, 히포프리기아, 히포리디아, 도리아, 프리기아, 리디아, 믹솔리디아의 7가지 선법이 있습니다). 젊은이에게 멜랑콜리한 단조 음악은 규제하고, 밝고 진취적인 장조 음악은 권장한 것이죠. 플라톤의 생각은 음악을 통해 대중을 조정할 수 있다는 것입니다. 전체주의적 공산 국가, 광적인 종교 집단, 독재 국가 등에서 행한 예술 검열이 플라톤적 조정 관점에 기반하고 있습니다. 플라톤은 이상 국가에서 예술을 추방해야 한다고 주장하기도 했습니다.

풍속을 어지럽힌다고 말이죠. 플라톤의 관점은 1960~1970년대 음악을 행동 수정과 인지적 변화를 유도하는 도구로 사용한 행동주의 음악 치료로 부활하기도 했습니다.

아리스토텔레스는 『정치학』에서 음악이 도덕적 교훈을 전달하는 데 사용되어야 함을 강조했습니다. 체육으로 육체를 단련하듯이 음악으로 영혼을 교육해야 했습니다. 이는 플라톤과 다를 바 없습니다. 하지만 아리스토텔레스는 감각적 쾌락을 제공하는 미학적 기능, 표현하고 배설하는 카타르시스 도구로서의 치료적 기능에도 주목했습니다. 예술에는 공포와 연민이라는 간접 경험을 통해 동일한 감정을 정화하는 기능이 있다고 보았죠. 아름다운 모방으로 정서를 고양하고, 격정적이고 슬픈 모방으로 카타르시스를 경험합니다. 동질성의 원리와 카타르시스는 음악 치료의 두 가지 기본 원리입니다. 동질성의 원리는 정서적 상태와 에너지 수준에 맞는 음악을 사용해 치료하는 방법입니다. 내적 세계의 음악적 모방으로 일체감이라는 쾌감을 주고, 부정적 감정을 부정적 음악을 통해 재경험해 카타르시스에 이르는 원리라고 볼 수 있습니다. 이는 현대 음악 치료의 기본 원리이기도 합니다.[7]

이 외에도 다윗이 하프 연주로 우울증을 앓던 사울 왕을 치료하고,

파리넬리가 노래로 스페인 국왕 펠리페 5세의 병을 침실 옆방에서 치료했다는 이야기가 전해옵니다. 이탈리아에는 음악으로만 치유할 수 있는 태런티즘이라는 병이 있었습니다. 태런티즘은 타란튤라라는 거미에게 물리면 발병한다고 하는데, 이에 대한 근거는 부족합니다. 이 병에 걸리면 마을의 평범한 사람들이 거리로 쏟아져 나와 며칠 밤낮을 미친 듯이 춤을 추었다고 합니다. 특이하게도 이 병은 다른 약은 아무 소용이 없고 오직 음악으로만 치료되었습니다. 그리스의 디오니소스 축제에서는 사람들이 음악에 맞춰 미친 듯이 춤추고, 외설적인 말을 떠들고, 옷을 찢고, 서로를 채찍질하며 술을 마셔댔다고 전하는데, 태런티즘도 이와 유사했다고 합니다.[8]

### 현대의 예술 치유

치유와 회복의 도구로 예술이 사용되어온 역사는 인류 문명의 시작에서부터 찾을 수 있지만, 예술 치유가 현대적 의미의 전문 분야로 자리 잡은 것은 심리학이 발달하고 두 차례의 세계 대전으로 사회에 병자들이 쏟아져 나오면서부터입니다. 음악, 미술, 무용, 연극, 문학 등 장르별로 전문 치유 영역이 발달했고, 이들을 한데 모아 치유하는 통합적 표현 예술 치유라는 영역도 생겼습니다. 사실 대부분의 예술 치유 작업은 각 장르의 예술을 통합적으로 활용해 진행합니다.

예술 치유를 뒷받침하는 심리 치료의 주요한 원리들이 있습니다. 프로이트 정신 분석학은 인간을 사회적 규범 안에서 성과 공격 충동을 채우려고 조정하는 존재로 봅니다. 이 과정에서 히스테리와 신경증 같은 심리적인 문제가 일어난다는 거죠. 겉은 멀쩡해 보이지만 무의식 속에는 거친 원초적 충동과 욕구가 있습니다. 정신 분석학에서는 꿈의 분석, 자유 연상 등의 방법으로 무의식 속의 심리적 갈등을 의식으로 이끌어내 자아 결함을 보완하고, 좀더 적응도 높은 방어 기제를 몸에 익히도록 하는 것이 치유의 목적입니다. 치유자는 수동적 자세로 내담자의 무의식 속 갈등을 이해해 해석을 전달하는 역할을 합니다.

프로이트와 함께 심리학의 양대 산맥인 카를 융은 분석 심리학을 제창했습니다. 분석 심리학에서는 내가 알고 기억할 수 있는 것이 나의 전부가 아니라고 봅니다. 나도 알지 못하는 마음이 있고, 그것이 의식에 영향을 준다고 보는 것이죠. 내가 나에 대해 알고 있는 마음을 자의식이라고 하고, 지니고는 있지만 내가 모르는 마음을 무의식이라고 하죠. 여기까지는 프로이트와 동일합니다. 다만 융은 무의식을 두 개의 층으로 봅니다. 개인이 태어난 이후 이 세상을 살아가면서 의식에서 배제한 것들이 모여 있는 개인적 무의식과, 태어날 때부터 이미 지니고 나온 인간의 보편적 행동 유형이 들어 있는 집단적 무의식입니다. 융은 집단적 무의식을 인간 정신의 뿌리로 봅니다. 인류의 오랜 역사적 경험이 쌓여 있는 가장 원초적인 체험 양식이죠. 집단적 무의식은 영감의 샘이며 신화의 원천이기도 합니다. 위대한 예술은 무의식의 층에서 길어 올린 것입니다.

융은 의식과 무의식을 통합한 전체 정신의 중심을 자아ego와 구분해 자기Self라고 불렀는데, '자기실현'은 의식의 중심인 자아가 전체 정신의 중심인 자기로 접근해가는 과정입니다. 의식의 영역이 비좁은 자아의식에서 개인 무의식으로, 개인 무의식에서 집단 무의식으로 점점 확대되어 전체 정신을 실현할 때 자기실현이 이루어진다고 보는 것이죠. 신경증적 장애는 의식과 무의식의 관계가 단절되었다는 징후입니다.

분석 심리학에서 정신 치료의 목적은 전체성을 회복하는 것인데, 예술은 끊어진 두 세계를 이어주는 역할을 합니다. 융은 인간의 원초적인 체험 양식을 '원형'이라고 부릅니다. 원형은 상징으로 나타납니다. 춤, 노래, 그림, 언어 등의 예술적 표현은 무의식의 상징들을 자극하고 표현합니다. 예술은 무의식과의 의사소통 도구죠. 예술 작업은 무의식의 창조적 기능을 촉진하고, 이를 통해 전체 정신을 체험하는 데 기여합니다. 예술이 단지 기술에 그친다면, 정신의 깊은 곳까지 영향을 주긴 어렵습니다. 무의식을 의식화하는 데까지 가야 하죠.[9]

형태(게슈탈트) 심리학의 프리츠 펄스는 인간을 기본적으로 건강하며 성장을 추구하는 존재로 봅니다. 그는 자신의 삶에 대한 주체적인 자세, 자기 결정력을 중시하죠. 사람들은 타자에게 인정받기 위해 사회적 규범이나 기대를 행동의 표준으로 삼습니다. 이 과정에서 자신의 고유한 체험을 부정하거나 외면해 주체성, 자발성, 자기실현을 추구하는 자신의 본래적 성향과의 연결 고리를 잃어버립니다. 자기 체험과 자기 개념 사이에 불일치와 왜곡이 생기는 것이죠. 그래서 자신의 체험을 부정하거나 회피하던 상태에서, 자신의 체험에 귀를 기울이고, 그를 바탕으로 행동을 취하거나 자기 개념을 형성할 수 있도록 돕는 것이 심리 치료의 목적입니다. 이런 심리학적 태도에서는 '지금 여기'에서의 체험을 알아차리고 그것을 언어로 표현하는 과정을 중시합니다.

예를 들어 "나는 갈 수 없어"라는 말을 "나는 가고 싶지 않아"라고 고쳐 말함으로써, 자신의 감정이 환경이나 타인 때문에 생겨난 것이 아니라 자신의 것임을 받아들이면서 자기실현을 촉진해가는 것이죠. 펄스는 "진실은 직접 깨달을 때만 받아들일 수 있다"라고 합니다. 게슈탈트 치료에서 강조한 '현재에 존재하기'와 '자기만의 길과 생각 찾기'는 1960년대의 반문화 운동, 히피 문화와 잘 맞아떨어졌습니다. 하지만 펄스는 순간적 즐거움을 파는 마약상과 감각적 해방으로 편하게 가는 길을 조심하라고 경고하기도 했습니다. 펄스가 만든 「게슈탈트 선언문」은 이렇게 말합니다. "나는 내 길을 가고, 당신은 당신의 길을 간다. 나는 당신 기대에 맞추려고 이 세상에 있는 것이 아니고, 당신은 내 기대에 맞추려고 이 세상에 있는 것이 아니다. 당신은 당신이고, 나는 나다. 우연히 서로를 이해한다면 더없이 좋으리라. 하지만 그러지 못하더라도 어쩔 수 없다."[10]

한편, 인지 행동 치료에서는 인간이 생물적·사회적 요인 모두에서 영향을 받지만, 그중에서도 외부의 현상을 객관적이며 정확하게 지각할 수 있는 개인의 능력이 심리적 건강에 중요하다고 봅니다. 부정적 사고, 전부 아니면 전무라는 사고, 지나친 일반화 등의 불합리한 자동적 사고 때문에 적응력이 심각하게 떨어지고 공포, 불안, 우울 등의 감정이 야기됩니다. 과거의 잘못된 학습은 부적절한 행동 패턴을 형성하죠. 인지심리학자 에런 벡은 그릇된 신념을 바로잡으면 과도한 반응을 완화할 수 있다고 봅니다. 인지 행동 치료의 목적은 우울, 불안 등 감정 반응을 만들어내는 사람의 인지 · 신념을 수정하고, 좀더 적응력이 강한 행동 패턴을 습득하는 것입니다. 인지가 과거의 어떤 체험이나 사건에서 발생했는지 원인을 탐색하기보다는, 현재의 인지를 수정하는 일에 집중합니다."

최근 새롭게 떠오르는 심리학 분야인 자아 초월 심리학은 영성, 변성 의식, 명상, 종교적 신비 경험 등을 중점적으로 연구합니다. 자아 초월 심리학은 개인적 자아실현에서 나아가, 자아를 초월하는 상태가 인간의 완성이라고 봅니다. 나를 넘어 세상과 하나 되는 경지, 영성으로 가득해 타인에 대한 조건 없는 사랑을 실천하는 경지까지 나아가야 한다는 입장이죠. 이를 실현하는 방법으로 명상과 영적 삶을 강조하기도 합니다.

현대 심리학자들은 인간의 인성 · 심리적 문제를 발달적인 맥락에서 봅니다. 아기가 태어나서 갑자기 인성을 갖춘 어른이 되는 것이 아니라, 세부적인 하위 단계를 거친다는 것입니다. 이러한 심리학 이론은 개인의 인성과 심리적 문제가 생의 초기 단계인 3~5세 사이에 형성된다고 봅니다. '세 살 버릇 여든 간다'는 것이죠.

신생아의 의식은 환경과 완전히 분리되어 있지 않고 융합되어 있는 원초적 낙원입니다. 자아는 완전한 수면 상태에 놓여 있죠. 아기는 어머니와 미분화되어 있습니다. 아기는 그 세계 속에서 전능합니다. 울기만 하면 먹을 것이 생기고, 어머니가 따뜻하게 안아줍니다. 아기는 어머니를 조정함으로써 자신의 세계를 자유롭게 다루죠. 하지만 그 낙원은 오래가지 않습니다. 자신과는 별개로 무엇인가 있다는 것을 자각하기 때문이죠. 자타의 경계가 떠오릅니다. 성장에 수반해서 '신체 자기'라고 부를 수 있는 이미지로서 자기의식이 생깁니다. 이불을 깨물면 아프지 않은데, 자기 손가락을 물면 아프다는 사실에서 발견하는 자기 개념 같은 것이죠.

아기는 자기 신체를 발견하고 통제하려 합니다. 이에 따라 자신과 환경 사이의 경계가 설정되고, 환경에서 분화된 자기 신체를 동일화하기 시작합니다. 자기와 비非자기 사이에 경계를 긋고, 경계 안의 것은 자기와 동일시해 강화하고, 경계 밖의 것은 배제합니다. 자기라는 가면을 쓰고 비자기를 배제하는 것인데, 이때 배제된 것들은 그림자로 남습니다. 이 그림자는 가면 뒤에 감추어진 인격으로, 언제까지나 잠들어 있지만은 않습니다. 자기 인생에 대한 불만족 혹은 괴로움을 의식하면 그림자는 깨어납니다. 사실 자기라는 가면은 가면일 뿐입니다. 가면을 벗을 때 자기는 크게 확대되고, 잃어버린 것을 다시 찾게 되며, 더 자유롭게 열린 감각을 얻을 수 있습니다. 자기와 타자 사이의 경계를 발견하고 지우는 일, 이것이 진정한 자기와 비자기의 통합입니다.[12]

심리학적 통찰은 예술 치유에 널리 적용됩니다. 미적인 것은 아는 것이 아니라 감지하는 것입니다. 생각하지 않고 아는 것, 느끼는 것이죠. 예술은 미적인 것을 감지하고 표현하는 행위입니다. 미적인 순간을 경험한다는 것은 무엇인가에 깊이 몰입한 상태인데, 그런 순간에 나와 대상 간의 관계가 깊어지는 것을 경험합니다. 이는 유아가 주체와 객체를 구분하지 못하는 상태와 유사해, 생각하지 않고 단지 알아채는 경험을 제공합니다. 비언어적이고 전언어적이며 비논리적인 경험이죠. 이 같은 미적 경험은 자기 통합에 도움을 줍니다.

## 뼛속까지 내려가서

치유는 전체성의 회복입니다. 그리고 예술 치유는 예술을 통해 전체성의 회복을 돕는 것입니다. 예술을 통해 자기다움을 되찾고, 온전한 통합적 인격을 회복하는 것이 예술 치유의 목적입니다. 매우 내적인 변화 과정이죠. 정신적 치료가 필요한 환자를 대상으로 특수한 환경에서 전문 예술 치료사가 시행하는 치료도 있습니다. 하지만 병원 치료가 필요한 환자가 아닌, 단지 심신이 아프고 스트레스가 심한 사람에게 예술은 치유적으로 활용될 수 있습니다. 무엇보다 예술의 즐거움, 그 자체가 치유입니다. 물론 즐거움에도 두께가 있습니다. 표피적이고 말초적인 즐거움부터 진실을 대면하는 데서 오는 깊은 감동의 즐거움까지 다양하지요. 잠깐의 스트레스 해소가 있는가 하면 삶에 대한 새로운 통찰과 행동 변화로 이끄는 경험도 있고요.

우리는 예술 작품 감상을 통해 심리적인 지지를 받습니다. 공감을 불러일으키는 작품을 통해 눈물을 쏟아내거나 깊은 감동으로 가슴이 울리면, 아리스토텔레스가 말한 카타르시스를 느끼죠. 이 과정에서 심적 결함을 대면하고 조화를 회복하기도 합니다. 명작을 읽으며 새로운 관점으로 자신과 상황을 인식하거나, 명화를 감상하며 무언지

모를 가슴의 날갯짓을 느끼거나, 슬픈 음악을 들으며 나의 아픔을 깊이 수용하고 이해하는 것은 매우 행복한 치유 행위입니다. 소일거리로 읽어도 좋고, 조금은 진지하게 접근해 소가 여물을 되새김질하듯이 느리게 읽어나가는 재미도 좋습니다. 고맙게도 우리에게는 선사시대 이래 빛나는 예술 작품이 무한대로 남아 있습니다. 너무 많아 자신의 인생에서 모두 섭렵하기 버겁다고 괴로워하는 사람도 있습니다. 괴로워하지 않아도 됩니다. 내게 절실한 것은 꼭 만날 테니까요. '창작의 고통'을 자발적으로 감수하는 직업적 예술가가 되기를 바라지 않는다면, 내게 즐거운 것을 골라 보는 재미, 내가 미처 보지 못한 것은 남겨두는 여백도 즐겨보시길.

표현은 감상보다 적극적인 치유 행위입니다. 일기장을 펴놓고 마음에서 느껴지는 대로 글을 쓰고 나면 가슴이 후련해지고, 무언가 해소되는 느낌을 받습니다. 일기를 검사하는 이상한 관습이 우리나라에 있는데, 일기는 보여주지 않아서 좋은 것입니다. 내 마음대로 안심하고 쓸 수 있는 것이죠. 쓰는 과정에서 내가 애써 피하던 문제가 드러나면, 그것을 대면하면서 다른 기분으로 접근할 용기가 생기고, 자신과 자신이 처한 상황에 대한 새로운 시야도 생깁니다. 단지 생각나는 대로, 느끼는 대로, 규칙적으로, 쓰는 것만으로도 그렇습니다. 이때 중요한 것은 글쓰기 전문가인 나탈리 골드버그의 말대로, 뼛속까지 내려가서 써대는 것입니다. 검열 없이 말이죠. 써야만 써집니다. 심리적 장애가 심각하다면 전문가의 도움을 받아도 좋습니다. 이 모든 것은 자기를 강화하는 과정입니다. 대면하고 사랑하는 힘을 키우는 것이죠.

내가 좋아하는 악기를 들고, 모든 걸 잊고 신 나게 연주하거나, 누구도 보지 않는 곳에서 몸을 자유롭게 움직이며 춤을 추거나, 사랑하는 사람과 함께 춤을 배워보는 것도 좋습니다. 학교에서 왜 춤을 가르쳐주지 않는지 안타까운데, 춤을 가르치고 함께 춘다면 스트레스와 운동 부족, 정서 불안에 시달리는 학생들에게 매우 좋은 치료제가 되리라 생각합니다. 최고의 학교 폭력 예방 프로그램이 될지도 모릅니다. 뮤지컬 영화 〈사운드 오브 뮤직〉에서 폰 트랍 대령과 마리아 수녀가 연회장 밖 정원에서 소박하고 우아한 민속춤을 함께 추며 서로의 마음을 확인하는 장면이 있는데, 저는 그 춤에 완전히 매료되었습니다. 사랑하는 사람과 그런 춤을 함께 출 수 있다면 얼마나 좋을까, 그런 춤을 함께 추는 가족이나 이웃이 있다면 얼마나 즐겁고 평화로울까 하고요. 도화지나 연습장을 펴놓고 손 가는 대로 그림을 그려보거나, 진

흙을 만지며 그릇을 빚거나, 희곡을 들고 혼자서 대사를 읊고 연기를 해보거나, 연극 모임을 만들어 작품을 만들어보는 것도 재미있는 치유 행위입니다. 놀고 표출해야 창조성이 살아납니다. 일과 공부만 시키면서 창조성을 키우라고 말하는 것은 연목구어입니다. 우리에게는 누구나 자신의 이야기가 있습니다. 그 이야기의 주인공은 자신입니다. 자기 이야기를 하고 싶은 것이 인지상정입니다. 그 이야기를 억압해두지 말고 표현해야 합니다. 꽃이 피어나며 자신을 표현하듯이, 우리 이야기를 꽃피우는 것이 인생입니다. 나를 열어 내 안의 예술가를 해방해주세요.

### 고독한 몰입, 즐거운 해방

최근 예술 치유는 스트레스를 해소하고, 우울과 불안을 가라앉히며, 공동체의 건강성을 회복하는 방법으로 폭넓게 쓰이고 있습니다. 예술의 치유력을 전인적인 건강 회복의 방법으로 활용하는 것이죠. 예술을 통한 자유로운 표현은 해소의 즐거움과 함께 자기 통제력을 증진해 정신 건강의 수준을 높입니다. 지역 사회의 예술 활동이 공동체를 강화하고, 구성원의 유대감을 증진하며, 정서적 빈곤을 해소하는 등 삶의 질을 높인다는 사실도 주목할 만합니다.

치유 과정은 장기간의 내적 변화로 일어납니다. 또한 개인과 공동체의 치유가 동시에 이루어져야 합니다. 전인적인 변화에는 지속적이고도 통합적인 예술 치유 활동이 필요합니다. 인간은 누구나 건강과 치유를 원합니다. 이에 대한 상업적이고 표피적인 대응이 아닌, 진정한 치유 도구가 필요합니다. 예술은 기원부터 치유적이었습니다. 타인을 위한 꿈꾸기가 필요한 시대, 예술은 자신을 위한 고독한 몰입의 선물일 뿐 아니라, 타자를 위한 즐거운 해방의 선물입니다. 예술은 본래부터 공동체를 위한 이타적 행위였습니다.

나와 가까워지면서 동시에 타인과 가까워지는 길, 그 길에 예술이 있습니다. 빌리 콜린스의 「첫 꿈」이라는 시를 읽으며, 타인의 슬픔과 사랑에 빠진 이 세상 첫 사람이 되어보시길.

황량한 바람이 유령처럼 불어오는 밤
잠의 문전에 기대어 나는 생각한다.
세상에서 맨 처음으로 꿈을 꾸었던 사람을.
첫 꿈에서 깨어난 날 아침 그는 얼마나 고요해 보였을까.

자음이 생겨나기도 오래전

짐승의 표피를 몸에 두른 사람들이

모닥불 곁에 모여 서서

모음으로만 서로 이야기를 나누고 있을 때.

그는 아마도 슬며시 자리를 떠났을 것이다.

바위에 걸터앉아 안개가 피어오르는 호수 깊은 곳을 내려다보며.

도대체 무슨 일이 일어난 것일까, 어떻게 가지 않고도

다른 곳으로 갈 수 있었단 말인가, 홀로 생각에 잠기기 위해.

다른 사람들은 돌로 쳐 죽인 뒤에만 만질 수 있었던

짐승의 목에 어떻게 팔을 두를 수 있었던 것일까.

살아 있는 짐승의 숨결을 어찌하여 그리 생생하게

목덜미에 느낄 수 있었단 말인가.

그리고 거기, 한 여인에게도

첫 꿈은 찾아왔으리라.

그가 그랬듯이 그녀 역시 홀로 있고 싶어

자리를 떠나 호숫가로 갔겠지.

다른 것이 있었다면 젊은 어깨의 부드러운 곡선과
가만히 고개를 숙인 모습이 몹시도
외로워 보였을 것이라는 것뿐, 만일 당신이
거기 있었더라면, 그래서 그녀를 보았더라면.

당신도 그 사람처럼 호숫가로 내려갔으리라, 그리하여
타인의 슬픔과 사랑에 빠진 이 세상 첫 남자가 되었으리라.

ⓒ표정

epilogue
+

# 지금 여기의 유토피아

*우리가 추구하는 것이 무엇이든*
*그때 발견되면 지금도 발견된다.*
*-카비르*

이상 사회를 흔히 유토피아라고 부릅니다. 유토피아utopia는 그리스어인데, 유u에는 없다ou, 좋다eu는 뜻이 동시에 있고, 토피아topia는 장소palce를 뜻합니다. 문자 그대로 풀면, 지금 여기에 없는 좋은 곳입니다. 여기에 없으니 먼 과거의 황금시대에 있었거나, 미지의 신대륙에 있거나, 도래할 미래의 시간에 만날 수 있습니다. 순진한 사람이 꿈꾸는 것이 유토피아입니다. 그런데 동서고금을 가리지 않고 사람들은 유토피아를 꿈꿔왔습니다. 순진한 사람이 많은 까닭입니다.

서양 사람들이 그린 이상 사회는 코케인, 아르카디아, 천년 왕국, 협의의 유토피아로 분류해볼 수 있습니다.

코케인은 곡식과 과일이 충만하고, 꿀과 우유와 포도주의 강이 흐르는 곳입니다. 소망의 나무가 있어 원하는 것은 무엇이든 이루어지고, 젊음의 샘이 있어 영원한 청춘을 구가할 수 있으며, 노동에서도 자유롭습니다. 노동자, 농민이 꿈꿀 법한 절대적 풍요의 세계입니다. 먹고사는 일에 대한 근심과 노동의 고통에서 벗어날 수 있으니 말이죠. 과학에 무한한 신뢰를 지닌 사람이라면 질병은 의학으로, 노동 해방은 산업의 완전 자동화로, 영원한 젊음은 생물학으로 해결할 수 있다고 생각할 수도 있습니다. 코케인은 전설이나 민담에 많이 등장합니다. 그런데 정말 코케인이 실현된다면, 영원한 권태의 세계가 될 것이라는 짐작도 가능합니다.

아르카디아는 아름다운 풍경과 순박한 인정을 갖춘 목가적 이상향입니다. 코케인이 인간의 무한한 욕망과 과도한 쾌락이 무절제하게 추구되는 곳이라면, 아르카디아는 자연적 절제와 조화가 있는 곳입니다. 풍요로운 자연의 낙원이자 휴식과 안식의 고향이죠. 아르카디아 사람들은 코케인 사람들과 달리 일을 합니다. 이 일은 소박하고 아름다우며, 전혀 힘들거나 부담스럽지 않습니다. 자연과의 조화 속에서 자유롭고 평등하며 풍요롭게 살다 잠들듯이 평화롭게 죽는 아르카디아인. 시인, 묵객, 수도자가 꿈꿀 법한 이상향입니다. 아르카디아는 고대 황금시대의 신화에 자주 등장합니다. 그리스의 신 크로노스가 다스리던 세계, 중국 상고 시대 삼황오제가 다스리던 세상이 이에 해당하죠. 근대에 들어와 루소는 문명으로 인해 타락한 자연 상태를 회복하자고 외쳤습니다. 과거 황금시대로 돌아가자는 선언입니다. 엘리아데는 인류의 시작으로 돌아가려는 욕망은 다시 출발하려는 욕망이라고 말합니다. 아르카디아는 영원한 봄의 느낌을 줍니다.

천년 왕국은 『성경』의 「요한 계시록」에서 유래한 것입니다. 「요한 계시록」에 따르면, 예수는 재림해 지상에 그의 왕국을 건설한 후, 최후의 심판이 오기까지 천 년간을 지배합니다. 천년 왕국은 역사의 종말이 오기 전, 의롭고 착한 사람들로 구성된 기독교의 지상 낙원입니다. 천년 왕국에서 악인은 처벌받고 의인은 보상받습니다. 기존의 사회 질서는 부정되며, 미래의 신적 질서가 이상향이 됩니다. 아르카디아 같은 풍요한 지상 낙원이지만, 미래 지향적이라는 점에서 차이가 있죠. 천년 왕국을 믿는 사람들은 두 가지 태도를 취합니다. 세상에서 은둔해 조용히 때를 기다리는 태도와 예수의 재림이 지연되지 않도록 인간의 노력과 의지로 세상을 개선하려는 태도입니다. 그를 통해 후

일에 구원받을 수도 있죠. 후자의 태도를 지닌 사람들은 종종 위기와 격동의 시대에 천년 왕국 운동을 일으켰습니다. 이 운동은 매우 과격하고 급진적이었습니다. 농민, 장인, 걸인과 부랑자 등이 적극적으로 참여했죠. 마르크스의 공산 사회를 천년 왕국의 세속적 형태라고 보는 사람도 있습니다. 히틀러의 제3제국도 특이하게 변형된 천년 왕국의 아류라고 하고요.

협의의 유토피아는 인간의 물질적 욕구를 최대한 만족시키면서도, 제도를 통해 인간의 본성을 통제해 모두가 행복한 세상을 이루는 사회입니다. 코케인과 아르카디아가 자연을 이상화하고, 천년 왕국이 전능한 힘을 이상화한다면, 이 유토피아는 사회 제도와 조직을 이상화합니다.

토머스 모어의 유토피아 섬은 협의의 유토피아를 대표합니다. 이 섬에는 수도인 아마우로툼을 중앙에 두고 54개의 도시가 있습니다. 이 도시들은 모두 걸어서 하루 안에 당도할 수 있는 거리에 위치합니다. 경제적 기초는 농업이고, 직업에는 귀천이 없습니다. 이 섬에서는 8시간을 자고, 6시간을 일하며, 나머지는 자유 시간입니다. 도시의 중심에는 시장이 있는데, 주민들은 창고에서 물건을 필요한 만큼 무료로 가져갑니다. 물론 창고에 물건을 채워넣는 것도 주민들입니다. 모든 것이 풍족하므로 더 소유하려고 다투지 않습니다. 유용하지도 아름답지도 않은 것에 돈을 낭비하거나 노동력을 허비하지도 않습니다. 황금은 변기로, 진주는 아이들의 장난감으로나 써야 할 것들이죠. 잘 정비된 도시에는 집집마다 정원이 있고, 거리에는 회관이 있습니다. 도시마다 설치된 회관은 약 30세대, 400명의 구성원이 모이는 공동체의 장입니다. 사람들은 회관에 모여 함께 밥을 먹고, 공동으로 육아를 하며, 예배를 드립니다. 의사 결정은 민주적이며, 종교에 완벽한 관용이 허용됩니다. 그런데 이곳에는 노예가 있습니다. 범죄자를 노예로 삼는 것이죠. 이들이 소의 도살 같은 일을 맡습니다. 여행은 자유롭지 못하고, 결혼하려면 신랑, 신부가 나체 상태로 소개되어야 하며, 이혼은 간통과 극심한 학대가 있는 경우에만 허용됩니다.[1] 모어의 유토피아는 매우 구체적이고 현실적입니다. 근현대의 공동체 운동에 자극제가 되기도 했죠. 일부 동의할 수 없는 점이 있긴 하지만 말입니다.

동양에서도 유토피아를 풍부하게 상상했는데, 산해경형, 삼신산형, 무릉도원형, 대동 사회형으로 분류해볼 수 있습니다.

산해경형 이상 사회는 신선이 사는 완전한 신화적 세계입니다. 『산해경』은 중국에서 가장 오래된 신화서로, 인간이 만들거나 꿈꿀 수 없는 세계를 담고 있습니다. 현실에 없는 신비한 생물이 춤추고 노래하며, 잡아도 고기가 줄지 않는 연못이 있고, 생물들은 죽지 않으며, 영원히 조화로운 상태에 있습니다.

삼신산형 이상 사회는 인간이었지만 불사의 신선이 된 존재들이 사는 곳입니다. 삼신산은 바다 가운데 있는 봉래산, 영주산, 방장산 세 산을 말하는데, 바다는 가벼운 새털조차 가라앉는 약수弱水입니다. 그러니 배를 타고 오갈 수 없고, 오직 날아다니는 신선만 살 수 있죠. 풍요로운 불사의 세계이지만 옥황상제를 정점으로 관료적 위계 구조를 지닌 곳이기도 합니다. 진시황이 불로초를 구하러 서복과 동남동녀童男童女를 보낸 곳입니다.

무릉도원형 이상 사회는 『도덕경』에 그려진 소국과민小國寡民의 세계입니다. 인위적인 다스림이 없는, 작은 나라에 적은 백성이 사는 사회입니다. 전쟁과 세금과 빈부 격차가 없으며, 무엇보다 권력의 간섭이 없습니다. 해 뜨면 일어나고, 해 지면 쉬고, 밭 갈아 밥 먹고, 우물 파 물 마시니 임금이 무슨 소용이냐고 노래할 수 있는 세계죠. 배나 수레가 있어도 타지 않고, 갑옷과 무기가 있어도 쓸 일이 없습니다. 백성들은 문자 이전의 결승 문자(끈을 묶어 뜻을 전하는 문자 아닌 문자)를 다시 씁니다. 밥은 달고, 옷은 아름답고, 거처는 편안하며, 풍속은 즐겁습니다. 개 짖고 닭 우는 소리가 들릴 만큼 이웃 나라가 빤히 보이지만, 늙어 죽을 때까지 왕래하지 않는 곳이기도 합니다. 난리를 피할 수 있는 십승지지十勝之地 같은 명당들이 무릉도원형 이상 사회가 들어설 법한 공간입니다. 조용한 은둔의 세계이지만, 현실을 되비추는 날카로운 거울이기도 합니다.

대동 사회형 이상 사회는 유교적 유토피아입니다. 무릉도원형 이상 사회가 무위 정치를 대변한다면, 대동 사회형 이상 사회는 왕도 정치의 이상입니다. 요, 순, 우 같은 고대의 성군이 다스리던 사회가 모델입니다. 대동 사회형 이상 사회는 『예기』에 잘 드러납니다. 현자가 다스리는 이 나라는 대도大道를 행해 천하에 공의公義가 구현되고, 사람들은 각자 능력에 맞는 일을 합니다. 자신의 부모만 부모로 여기지 않고, 자신의 자식만 자식으로 여기지 않습니다. 모두가 부모이고 자식입니다. 노동을 싫어하지 않으며, 자신을 위해서만 일하지 않습니다. 도적이 없어 집집마다 문을 닫을 필요도 없습니다. 물자가 넉넉한 것이죠. 대동 사회는 사회 개혁 운동의 목표로 등장하기도 했습니다.[2]

유토피아 이야기를 듣다 보면, 현실의 결핍을 상상의 해방과 위안으로 대신한다는 생각이 듭니다. 코케인이나 산해경적 이상 사회를 위시한 완전한 신화적 세계를 제외하더라도, 과연 실현이 가능할까라는 의문이 들기 때문입니다. 유토피아적 상상이 현실 변혁의 무기가 되고, 정신적 거울이 되었다는 사실을 인정하더라도 그렇습니다. 유토피아를 내세워 사기를 치기도 하고, 유토피아를 향한 열망이 인간성을 파괴하는 디스토피아를 낳기도 했습니다.

유토피아를 좀더 살펴보면, 역시 의식주가 인간사에서 가장 첨예한 문제라는 사실도 확인할 수 있습니다. 인간답게 의식주를 해결하고, 고통 없이 장수하기를 바라는 욕망이 모든 유토피아적 상상에 투영되어 있습니다. 정의로운 사회, 정신적 자유, 자연 속의 목가적 삶도 의식주를 떠나 존재하지 않습니다. 결국 유토피아는 가장 구체적인 일상의 설계도인 것이죠. 먼 미래 세계라고 달라지지는 않을 것입니다.

미국 역사가 워런 와거는 『인류의 미래사』라는 책에서 지구의 미래를 그립니다. 서기 2200년 지구 축제일을 맞아, 116세의 할아버지가 손녀에게 홀로 필름을 통해 1995년부터 2200년에 이르는 인류의 역사를 들려줍니다. 편지, 칼럼, 공문서, 일기 등의 미래의 사료를 가지고 말이죠. 지구 200년의 미래사를 요약하면 자본주의의 모순이 극대화되어 제3차 세계 대전이 일어나고, 잿더미 위에 전 지구적 사회주의 체제가 들어서며, 선거를 통한 작은당의 약진으로 사회주의는 해체되어, 결국 아나키즘적 세계가 실현된다는 것입니다. 그 세계가 역사의 끝은 물론 아닙니다. 미래의 지구로 좀더 들어가 보겠습니다.

먼저 자본주의가 지배하는 극단의 시대. 중산층이 완전히 무너지고, 양극화가 심화되며, 12개의 초거대 기업이 세계무역컨소시엄을 구성해 세계를 분할 지배합니다. 2038년부터 2043년 사이에 전 지구적 대공황이 발생하고, 대다수 국가의 실업률은 50퍼센트에 달하게 됩니다. 부의 재분배를 요구하며 지구국가연합에서 탈퇴한 미국을 지구 통합 사령부가 리튬 폭탄으로 공격하면서 제3차 세계 대전이 일어납니다. 이 전쟁으로 1년 동안 72억 명, 세계 인구의 약 70퍼센트가 사망합니다. 이 시기에 달, 화성, 목성 등에 우주 정착촌이 건설되기도 하고요.

다음으로 사회주의가 지배하는 평등의 시대. 전후 파국을 맞은 자본주의에 대한 반성으로 세계당이 출현합니다. 이들은 국가의 권위를 부정하고 완전한 세계화를 위해 투쟁하죠. 그리고 2056년 세계무역컨소시엄은 해산되고, 새롭게 세계연방이 구축되어 호주 멜버른을 수도로 정합니다. 세계연방의 목표는 3대 악인 종족주의, 자본주의, 성차별주의 근절입니다. 연방은 세계를 1,000개의 성으로 나누고, 각 성에서 2명씩 총 2,000명으로 인민 의회를 구성합니다. 인민 의회에서 행정 요원 50명을 선발하면, 이들의 대표가 연방 대통령이 됩니다. 경제적으로 무능한 사람도 급여를 받고, 가장 잘사는 성은 가장 못 사는 성의 소득을 두 배 이상 초과할 수 없으며, 각 개인별로도 소득 격차가 두 배를 넘지 못하게 규제합니다. 그러나 세계연방도 유토피아는 아니었습니다. 사람들은 세계연방의 독재에 염증을 냈고, 개인의 창의와 자유에 목말라했습니다. 가족도 해체되어 뿔뿔이 흩어졌죠. 이 시기에 유전자 조작으로 가장 똑똑한 인간들이 등장하기도 합니다.

다음으로 아나키즘적 자유의 시대. 세계연방에 염증을 느낀 사람들은 2147년 선거에서 작은당을 제1당으로 선출합니다. 유전자 조작으로 등장한, 가장 똑똑한 인간들이 만든 당입니다. 세계 연방은 무너지고 세계는 자치, 자율, 자연을 기치로 한 작은 세계로 재구성됩니다. 슈마허, 타고르, 간디 등의 사상에 영향을 받은 작은당은 스스로 표방한 가치에 입각해 자발적으로 해체되며, 인류는 정부 없는 지배의 시대를 엽니다. '지구의 집'을 이루는 각각의 공동체들은 대부분 직접 민주제를 채택하지만, 대의 민주제나 군주제를 채택하기도 합니다. 자발적 선택에 따라 어떤 공동체도 만들 수 있습니다. 올림픽 경기도 부활하는데 국가 대표 선수들의 경기가 아니라, 개인 대 개인의 놀이입니다. 정신적으로는 생태 신비주의가 부상해 자기 부정을 실천합니다. 생태 신비주의자들은 우주는 살아 있는 존재로 자신을 의식하고 있으며, 전체의식 외에 자기라고 부를 것은 없다고 봅니다. 또한 물질은 정신이 우리 감각 중추에 투사한 영상 같은 것이라고 인식하며, 자연에 순응하는 삶, 소박한 테크놀로지를 강조합니다. 이들은 예술 작업도 익명으로 합니다. 우주정신 전체가 만든 것이기 때문이죠. 예술 속 자신의 이름은 무의미합니다. 결혼 역시 무의미해져서 가족은 완전 소멸합니다. 이에 따라 여성이 지배적 성으로 부상해 남성 차별 논란을 낳기도 합니다. 우주 사업이 발달해 인류의 절반이 우주에서 살리라 예상되고, 의학적으로는 삼사라 프로젝트가 실행되어, 인간의 의식을 복제 인간에게 심어 영생하는 기술이 풍미합니다. 하지만 유토피아에 대한 논쟁은 이 시대에도 지속됩니다.

긴 미래사의 끝, 할아버지의 말을 모두 듣고 난 후 손녀가 말합니다. "우리의 모든 노력은 자본주의나 사회주의, 아니면 공동체주의를 이룩하기 위한 것이 아닙니다, 우리는 세계 질서를 위해 살지 않습니다, 세계 질서가 우리를 위해 존재하는 것이지요. 세계 질서는 이 가없는 존재의 흐름 속에서 우리가 우리 자신을 위해 살 수 있도록 도와주는 존재에 불과합니다, 멈추지 말고 계속 날아요, 사랑하는 할아버지, 멀리 더 멀리 날아가세요."[3]

그렇습니다. 세계 질서는 우리 자신을 위해 존재합니다. 유토피아도 그렇습니다. 우리의 일상을 위해 존재하죠. 우리 일상을 어떻게 살아갈 것인지에 대한 심적 설계도가 유토피아입니다. 지금 여기의 일상적 순간은 소중합니다. 일상의 반복은 기적을 낳기도 하죠. 더구나 우리에게는 다음으로 넘길 수 있는 삶이 없습니다. 매순간이 마지막 순간인 까닭입니다.

아나톨 프랑스는 유토피언들이 없었다면 인간은 아직도 동굴 속에서 나체로 비참하게 살았을 것이라고 말합니다. 동굴에서 나와 처음으로 도시를 설계한 사람들은 유토피언들이었다고요. 지금의 도시에 대해 동의하지 않더라도, 이 도시를 다시 만들어가는 사람들 역시 유토피언들이 아닐까 싶습니다. 적어도 그 희망이 세상을 견딜 수 있게 하는 힘이 되었을 것입니다.

그런 자리가 있습니다. 부처의 자리, 예수의 자리, 무위자연의 자리. 우리가 늘 돌아가서 지금 여기를 살펴보아야 할 자리, 거기서부터 꿈꾸게 되는 자리. 하늘 아래 있지만, 먼지로 가득한 속세보다 높은 언덕 같은. 유토피아는 그런 자리입니다. 그 자리에서 현실에 갇히지 않고 상상하는 사람들이 좋은 세상을 만듭니다. 카를 야스퍼스가 말한 기축 시대의 현자들이 그러했습니다. 소량의 효모가 빵 전부를 발효시킵니다. 그들의 빵으로 우리 정신은 풍요로워졌습니다.

휴休는 제로 베이스로 돌아가는 것입니다. 마음을 쉬는 명상, 자기 치유적인 자연 건강 생활, 숲과의 교감과 자연성의 재생, 순수한 몰입의 즐거움을 주는 예술, 저는 이들을 제로 베이스로 돌아가는 효모로 준비했습니다. 거기서부터 좋은 삶, 좋은 세상이 발효되지 않을까 하는 바람에서입니다. 『도덕경』에는 수레바퀴의 비유가 있습니다. 수레바퀴는 중심이 비어 있어서 돌아간다는 이야기입니다. 중심이 빈 수레바퀴처럼 우리 욕망이 굴려놓은 세상의 속도를 늦추고, 빈 중심으로 돌아가 참된 휴식을 자주 취한다면, 거기서부터 자연스럽게 새로운 일상을 살아갈 지혜와 감성과 용기가 생기리라 믿습니다.

시를 인용하며 글을 끝내고자 합니다. 메리 올리버의 「기러기」라는 시입니다. '사랑하는 것을 그냥 사랑하게 내버려두' 라는 시인의 말이 가슴을 울립니다. 우리가 '누구든, 얼마나 외롭든, 너는 상상하는 대로 세계를 볼 수 있' 습니다. 우리가 '있어야 할 곳은 이 세상 모든 것들 그 한가운데', 새는 그곳으로 날아갑니다. '너를 소리쳐 부르' 며.

착해지지 않아도 돼.

무릎으로 기어 다니지 않아도 돼.

사막 건너 백 마일, 후회 따위는 없어.

몸속에 사는 부드러운 동물들.

사랑하는 것을 그냥 사랑하게 내버려두면 돼.

절망을 말해보렴, 너의. 그럼 나의 절망을 말할 테니.

그러면 세계는 굴러가는 거야.

그러면 태양과 비의 맑은 자갈들은

풍경을 가로질러 움직이는 거야.

대초원들과 깊은 숲들,

산들과 강들 너머까지.

그러면 기러기들, 맑고 푸른 공기 드높이,

다시 집으로 날아가는 거야.

네가 누구든, 얼마나 외롭든,

너는 상상하는 대로 세계를 볼 수 있어.

기러기들, 너를 소리쳐 부르잖아, 꽥꽥거리며 달뜬 목소리로.

네가 있어야 할 곳은 이 세상 모든 것들

그 한가운데라고.

# 나를 위한 3주 명상

나를 위한 3주 명상은 오직 자신을 돌보는 시간입니다. '내가 할 일을 모두 마쳤다, 이제 더 이상 할 일은 없다, 이제는 나를 돌볼 시간이다' 는 마음을 지닙니다. 이 명상은 생활 속에서 몸의 감각을 깨우고, 현재의 순간에 머물며 고요히 쉴 수 있도록 구성했습니다. 1단계에서 3단계까지 순서대로 해도 좋고, 단계와 무관하게 자신의 리듬을 찾아 하셔도 됩니다. 강을 건너면 배는 버려야 합니다. 이 명상은 여행지로 안내하는 작은 배일 뿐이니, 목적지에 내려서는 버리시길.

| 단계 | | 일 | 월 | 화 | 수 | 목 | 금 | 토 |
|---|---|---|---|---|---|---|---|---|
| 1주 | 신체 감각 알아 차리기 | 손 | 발 | 귀 | 눈 | 입(말) | 입(맛) | 코 |
| | | 지금 무엇을 잡고 있나요? | 지금 어디에 서 있나요? | 지금 무엇을 듣나요? | 지금 무엇을 보나요? | 당신의 이야기는 뭔가요? | 지금 무엇을 먹나요? | 지금 숨 쉬고 있나요? |
| 2주 | 명상 | 호흡하기 | 몸에 감사 | 나에게 감사 | 가족에게 감사 | 함께 살아가는 사람에게 감사 | 일에 감사 | 완전한 휴식에 들기 |
| | | 자연스럽고 풍부한 숨 쉬기 | 살아 있는 몸에 감사 | 나에게 조건 없는 사랑을 | 가족에게 감사하는 마음을 | 삶을 나누는 사람에게 감사 | 지금 내가 하는 일에 감사 | 몸과 마음을 완전히 쉬기 |
| 3주 | 명상 | 자존감 | 호연지기 | 용서하기 | 사랑하기 | 만트라 | 바라보기 | 아무것도 하지 않기 |
| | | 나는 완전 합니다. | 나는 큰 사람 입니다. | 용서 합니다. 그것이 무엇 이든. | 사랑 합니다. 그것이 무엇 이든. | 용서와 사랑의 만트라 부르기 | 지금 이 순간 의식에 떠오르는 것을 바라봅 니다. | 아무것도 하지 않고, 지금 이 순간에 머뭅 니다. |

## 1주
## 명상

### 신체 감각 알아차리기

먼저 신체 감각을 깨우는 연습부터 시작합니다. 몸의 구체적인 감각에 잠깐 멈춤으로써 주의력과 통제력을 키웁니다. 이 힘은 명상의 기초가 됩니다. 기억해주세요. 그게 무엇이든, 우리가 사랑할 수 있는 유일한 때는 지금 여기 이 순간이라는 사실을.

### 일요일: 손

일요일은 일손을 놓는 날입니다. 다른 날보다 여유 있고 기분 좋은 날이죠. 아침에 깨면, 일을 놓은 두 손바닥을 마주 대고 비벼보세요. 눈을 뜨자마자 누운 채 바로 하면 좋습니다. 손을 비벼 손바닥의 따스함을 느껴보고 그 감각에 머뭅니다. 이제 따스해진 손을 얼굴이나 가슴에 대봅니다. 그 따스함을 나에게 전합니다. 손바닥을 통해 느껴지는 무엇인가가 있다면, 잠시 그 느낌에 머뭅니다. 어렵지 않습니다. 단지 나에게 따스함을 전하며 손의 느낌에 깨어 있습니다. 일손을 놓고도 우리는 많은 일을 합니다. 아주 단순한 행동부터 복잡한 생각까지. 그때마다 잠깐씩 멈춰 손바닥의 느낌을 느껴보세요. 손이 필요한 곳마다 기꺼이 그 손을 내주는 마음으로, 손의 감각과 손이 하는 일에 의식을 둡니다. 손의 감각이 깨어납니다. 당신은 지금 무엇을 잡고 있나요?

### 월요일: 발

집을 나서는 순간 우리는 누구나 신을 신습니다. 현관에 잠시 서서 신발에

발이 들어가는 느낌을 느껴봅니다. 신을 신고 섰을 때 그 느낌은 어떤지 주의를 기울여봅니다. 잠깐이면 충분합니다. 버스나 지하철에 서 있을 때도 두 발을 의식해봅니다. 발에서 느껴지는 몸의 무게, 흔들림, 약간의 피곤함. 그 모든 것을 알아차려봅니다. 매순간은 고유한 순간입니다. 그리고 마지막 순간이기도 하죠. 지금 이 순간을 사는 것이 곧 깨닫는 것이라고 말합니다. 발의 느낌도 하루 동안 틈나는 대로 알아차려보세요. 내가 서 있는 자리, 나의 걸음, 의자에 앉아 일할 때 발이 바닥에 닿는 느낌 등. 문득 생각날 때마다 발을 느낍니다. 퇴근 후 집 안을 돌아다닐 때도 발의 느낌에 머물러봅니다. 발이 점점 깨어납니다. 당신은 지금 어디에 서 있나요?

**화요일: 귀**

귀는 늘 열려 있습니다. 그런데 모든 소리를 듣지는 못합니다. 내가 어디에 의식을 두는가, 어디에 집중하는가에 따라 들리는 것이 다릅니다. 우리가 살아가는 환경에는 정말 많은 소리가 있습니다. 나를 칭찬하거나 비방하는 소리에는 가슴이 먼저 반응하기도 합니다. 주변의 소리에 귀를 기울여보세요. 판단 없이 그저 듣습니다. 우리를 마음 상하게 하는 존재는 세상에 가득합니다. 그것은 자연스럽습니다. 우리를 기쁘게 하는 소리도 있습니다. 그것도 그저 자연스럽게 듣습니다. 바람 소리, 공간의 정적, 의자가 삐걱대는 소리, 옷이 스치는 소리, 바닥의 작은 울림, 나의 숨소리까지. 잠깐의 멈춤 안에 세상의 소리가 들립니다. 그 안에 머물러보세요. 귀가 깨어납니다. 당신은 지금 무엇을 듣고 있나요?

### 수요일: 눈

우리는 하루 동안에 많은 일을 합니다. 그 가운데 나를 위한 시간은 얼마나 될까요? 열심히 살지만, 나라는 존재를 잊고 사는 것은 아닌지. 피카소에게 누군가 사물을 사실대로 그리지 않는다고 불만을 표시했습니다. 피카소가 열심히 설명했지만 그 사람은 이해하지 못했습니다. 그리고 지갑에서 아내의 사진을 꺼내 보이며 말했습니다. "보세요. 이게 제 아내의 실제 모습입니다." 피카소가 물끄러미 보며 말했습니다. "부인이 좀 작네요. 그죠? 게다가 납작하고요." 내가 본 대로 살기는 어렵습니다. 타인의 욕망을 욕망하며 사는 것이 현대인의 모습이기도 합니다. 나를 놓치는 것이지요. 나의 눈을 잃고 소외됩니다.

오늘은 눈입니다. 자신의 눈을 가만히 느껴보세요. 우리 몸에서 유일하게 내부에서 외부로 빛이 나가는 곳이 눈입니다. 눈빛은 마음의 반영이죠. 우리는 눈의 에너지를 가장 많이 씁니다. 그런데 옛이야기 속의 지혜로운 사람은 눈이 먼 경우가 많습니다. 세계 최초의 이야기꾼이라 불리는 호메로스도 장님이었죠. 눈을 내면으로 돌림으로써 지혜를 얻습니다. 더 잘 보기 위해 눈을 감아야 할 때가 있습니다. 눈에 잠시 머무르며 주의를 기울입니다. 눈의 움직임, 피로감, 떨림, 고이는 눈물. 눈에서 느껴지는 것에 충분히 주의를 기울입니다. 눈을 감아도 봅니다. 마음의 속도가 느려집니다. 당신은 지금 무엇을 보고 있나요?

### 목요일: 입(말)

우리는 살아가면서 참 많은 것을 느낍니다. 그리고 그것을 표현하죠. 말로 말입니다. 생각 없이 말하기도 하고, 생각보다 많은 말을 하기도 하고, 생각과 다른 말을 하기도 합니다. 침묵으로 말할 때도 있습니다. 오늘은 입에 주의를 기울입니다. 특히 말하는 입에 의식을 둡니다. 내가 하는 말을 느끼면서 말해보세요. 말할 때 입술과 혀의 느낌, 말의 진동까지 가만히 느껴봅니다. 말을 타고 가는 감정도 느껴봅니다. 거친 말을 하고 있다면, 그 말을 마음으로 느껴보세요. 부드럽고 따듯한 말을 하고 있다면, 그것도 그대로 느껴보시고요. 그 말이 점점 변할 것입니다. 내가 바라보고 있기 때문입니다. 말이 화를 부르기도 하고, 내가 내뱉은 말에 내가 속박되기도 합니다. 내가 하는 말에 주의를 기울이면, 감정에 떠밀려 말하는 횟수를 줄일 수 있습니다. 말의 노예가 되지 않는 방법이지요. 우주는 원자가 아니라 이야기로 이루어져 있다고 한 시인이 있습니다. 우리는 누구나 이야기를 품고 있습니다. 의식을 두고 말하는 오늘 하루, 사람들이 귀를 세우고 물을지도 모릅니다. 당신의 이야기는 무엇인가요?

**금: 입(맛)**

오늘도 입입니다. 이번에는 먹는 입입니다. 입에 음식이 들어올 때 그 감각을 느껴보세요. 입술의 움직임, 분비되는 침, 음식을 씹는 이빨, 혀의 움직임 등을 느껴보세요. 주의를 기울이며 먹으면 빨리 먹을 수 없습니다. 천천히 먹게 되어 소화에도 도움이 되죠. 음식 고유의 맛도 더 음미할 수 있습니다. 음식이 식탁에 들어오는 과정도 생각해보세요. 그 음식을 만든 사람과 식재료를 만든 자연, 조리에 쓰는 도구를 만든 사람까지. 천천히 입과 입이 먹는 음식에 주의를 기울이며, 음식에 따라 변하는 내 마음을 봅니다. 무엇이든 나의 생존을 위해 도움이 되는 것을 섭취할 때 감사한 마음도 함께 먹어보세요. 맛이 달라집니다. 그때 내가 먹는 것은 음식만이 아니기 때문입니다. 지금 당신은 무엇을 먹고 있나요?

### 토요일: 코

오늘은 코를 느껴봅니다. 숨이 들어올 때 공기의 느낌, 숨이 나갈 때 공기의 느낌을 느낍니다. 코끝에서 들고 나는 숨에 따라 변하는 내 몸의 감각에도 주의를 기울입니다. 가슴에 숨이 들어갈 때, 가슴에서 숨이 나올 때의 느낌도 느껴봅니다. 아랫배 깊이 숨을 들이마시고 내쉬어 봅니다. 우리는 누구나 숨을 쉬고 있습니다. 누가 시킨 것도 아닌데 알아서 쉽니다. 이건 신비로운 일입니다. 감사한 일이고요. 토요일인 오늘은 조금 여유로운 마음으로 코에 주의를 기울이며 내가 숨 쉬고 있다는 사실을 가만히 의식해보세요. 호흡에 따라 변하는 마음도 느껴보고요. 호흡만 느끼면서 하루를 보내도 충분한 휴식이 될 것입니다. 당신은 지금 숨 쉬고 있나요?

## 2주
## 명상

우리가 할 수 있는 유일한 기도는 감사 기도라는 말이 있습니다. 무엇을 달라는 기도가 아니라, 지금 내게 주어진 것에 다만 감사하는 기도. 감사하기는 나에게 평화를 주는 강력한 도구입니다. 나와 세상의 모든 존재에 감사하는 마음 가지기가 2주차 명상의 주제입니다. 고요하게 머무를 수 있는 시간을 정하고, 혼자 있어도 방해받지 않을 장소를 찾습니다. 명상은 언제 어디서나 할 수 있고 그래야 하지만, 자신에게 특정한 시간과 공간을 허락하는 것에서 시작해도 좋습니다. 그 시간 그 장소에서 명상할 것이라는 느낌이 명상으로 이끌어주기도 합니다.

긴장하지 않고 편안하게 앉거나 눕습니다. 앉을 때는 허리를 곧게 펴고 상체의 힘을 뺍니다. 얼굴에 은은한 미소를 지으면 몸의 긴장이 풀립니다. 마음도 부드러워지고 편안해집니다. 다리는 자연스럽게 접어 앉습니다. 의자에 앉아서 해도 좋습니다. 반가부좌나 결가부좌를 하면 더욱 좋습니다. 누워서 할 때는 두 다리를 어깨 넓이로 벌리고, 두 팔은 손바닥이 하늘로 향하게 해 바닥에 내려놓습니다. 팔은 심장 위로는 올려놓지 않습니다. 심장 아래 허리에서 조금 떨어진 곳에 자연스럽고 편안하게 내려놓습니다. 몸을 살짝살짝 움직여 내 몸에 가장 편안하게 느껴지는 자리를 잡아봅니다. 누워서 할 때는 잠에 빠지지 않도록 주의합니다. 잠이 마구 쏟아진다면, 피곤해서 생기는 자연스러운 현상이니 잠깐 자도 좋습니다. 명상할 때만이라도 자신에게 관대해져야겠죠.

1주차에 신체 감각을 알아차리는 힘을 키웠습니다. 이 힘을 바탕으로 2주차부터는 내면세계에 집중해 들어갑니다. 집중하는 동안 많은 감각이 자신을 봐달라고 이야기를 걸어올 것입니다. 자극에 대한 무조건적인 반응을 삼가면서, 우선 그 자극이 다가왔음을 단지 알아차립니다. 생각이 떠오르면 생각이 떠올랐구나, 간지러움이 느껴지면 간지럽구나 하고 알아차리기만 합니다. 그러면 대개 그 자극은 사라집니다. 생각을 멈추거나 자극이 생기지 않도록 하라는 이야기가 아닙니다. 우리가 살아 있다면 이 모든 것은 계속 일어날 것입니다. 그때마다 반응하면 우리는 원하는 것을 얻을 수 없습니다.

한 가지 더. 마음속에 무언가를 떠올리는 것은 쉽지 않습니다. 감사하는 마음을 지니려고 해도 잘 안 됩니다. 아이들은 생각보다 쉽게 떠올리는데, 나이가 들수록 어렵습니다. 이렇게 생각해보죠. 단지 스위치를 켠다고 말입니다. 어두운 방에 들어가서 스위치를 켜면 밝아집니다. 내 마음을 잘 보려면 스위치를 켜야 합니다. 손가락으로 스위치를 딸깍 올리듯이, 단지 스위치를 바꾸어보는 겁니다. 어떤 조건이 갖추어져서 스위치를 켤 수 있는 것이 아닙니다. 단지 그렇게 실감하는 것입니다. 지금보다 단순해지는 것입니다.

**일요일: 호흡하기**

호흡은 모든 명상의 기본입니다. 우리는 생명을 유지하기 위해 숨을 쉽니다. 밥은 며칠 먹지 않아도 살지만 숨은 잠시도 멈출 수 없습니다. 숨은 모든 생명체의 가장 기본적인 생명 활동입니다. 호흡은 마시려고만 하면 충분히 마시기 어렵습니다. 먼저 내쉬는 게 중요합니다. 비워야 채워집니다. 날숨을 길게 잘 내쉬면, 들숨이 풍부해집니다. 또 숨은 마음에 따라 달라집니다. 숨을 잘 쉬려면 마음을 밝고 환하게 지녀야 합니다. 마음을 비우고 넓히면 숨이 풍부해집니다. 마음이 무겁거나 좁으면 호흡에 관여하는 근육들이 긴장되어 숨이 얕아집니다. 깊고 부드럽고 풍부한 호흡은 마음이 맑고 평화로울 때 이루어집니다. 거꾸로도 말할 수 있습니다. 호흡을 잘하면 마음이 맑고 고요해집니다. 호흡과 마음은 둘이 아니라 하나입니다. 그래서 '숨 쉬다' 는 뜻을 가진 한자어 식息은 나自의 마음心으로 만들어졌습니다.

앉거나 누워 숨을 길고 편안하게 내쉬어봅니다. 가볍게 들이마시고, 길고 편안하게 내쉽니다. 억지로 숨을 뱉어내면 몸이 긴장되니 편안한 만큼만 충분히 내쉽니다. 숨을 내쉴 때는 나가는 숨을 마음의 눈으로 바라봅니다. 들어오는 숨도 자연스럽게 마시며 바라봅니다. 잡념이 떠오르면 억지로 지우려 하지 말고 그대로 바라봅니다. 그리고 다시 숨으로 돌아옵니다. 나는 잡념보다 큰 존재입니다. 잡념은 내버려두고, 편안한 마음으로 숨을 바라볼 수 있습니다. 가슴이 답답하다면 억지로 호흡하지 말고, 가슴으로 시원하게 들이쉬고 내쉽니다. 가슴의 근육들이 유연해져 숨이 좀더 깊어집니다. 가슴이 편안해지면 다시 아랫배에 의식을 두고, 숨을 아랫배 깊이 들이쉬고 내쉽니다. 이를 편안히 반복합니다. 자연스러운 것이 가장 좋습니다. 아랫배로 들고 나는 호흡을 편안히 바라봅니다. 이것만으로도 좋은 명상입니다. 호흡이 안정되고 깊어지면 호흡도 잊습니다. 무념무상의 상태에서 고요히 쉬면, 더욱 자연스럽고 풍부하게 숨이 쉬어집니다. 내가 숨 쉰다는 사실에 감사하는 마음을 지녀봅니다. 충분히 한 후, 서서히 깨어납니다.

**월요일: 몸에 감사하기**

오늘은 내 몸에 감사하기입니다. 자리에 앉거나 누워 눈을 감습니다. 편안한 호흡을 합니다. 그리고 편안한 장소, 편안한 시간에 '내가 여기 있다'는 사실을 느껴봅니다. 그리고 내 몸을 느껴봅니다. 나를 떠받쳐주는 몸입니다. 이 몸 안에서 내가 살고 있습니다. 내 몸은 나를 표현해주기도 합니다. 가시적인 나죠. 나를 표현할 몸이 있고, 내가 머물 몸이 있다는 사실은 감사한 일입니다. 우리가 쉴 수 있는 집이 있다는 사실이 감사한 일이듯 말이죠. 작고 초라해도 그 안에 머무는 가족들이 소중히 생각하며 감사한 마음으로 살아가면, 그 집은 편안하고 아늑합니다. 아무리 좋은 집이라도, 그 안에 사는 사람들의 마음이 편치 않으면 지옥과 다를 바 없죠. 아무 이유나 조건 없이 내 몸에 감사한 마음을 지닌다면 더 좋습니다. 단지 감사한 마음을 가져보세요. 그런 마음의 스위치를 켜봅니다. 몸을 안아보고 쓰다듬어줍니다. 머리, 얼굴, 목, 가슴, 팔과 다리, 발 등 전신을 감사한 마음으로 만져줍니다. 몸은 내가 감사한 마음을 가지면 그에 반응합니다. 몸에 감사한 마음을 느끼며 그대로 머물러봅니다. 충분히 한 후, 천천히 몸을 움직여 명상에서 깨어납니다.

### 화요일: 나에게 감사하기

오늘 명상 주제를 보고, 나에게는 감사할 일이 전혀 없다는 생각이 먼저 드나요? 그럴 수 있습니다. 그렇더라도 그저 자리에 앉거나 누워 눈을 감습니다. 그리고 편안한 호흡을 합니다. 호흡이 안정되면 내면 여행을 떠나봅니다. 여행의 첫 관문은 나에 대한 감사입니다. 마음의 스위치를 켜 자신에게 감사한 마음을 가져보세요. 단지 감사하는 것입니다. 나에게 감사하다고 말해봅니다. 마음으로 말하고, 소리를 내어서도 말합니다. 말에는 힘이 있습니다. 자신의 이름을 부르며 "고마워"라고 정성껏 말해봅니다. 나보다 나에게 고마운 사람은 없습니다. 이 세상에서 나를 가장 사랑하는 사람도 나 자신입니다. 내가 나를 사랑하지 않으면 타인도 나를 사랑할 수 없습니다. "고마워, 감사해"라고 마음으로, 입으로 말해봅니다. 그리고 그 마음에 젖어 그대로 머물러봅니다. 충분히 한 후, 서서히 몸을 움직여 깨어납니다. 내가 조금 달라 보이나요? 오늘 하루는 나에게 감사할 일을 찾아보며 기록해보는 것도 좋겠습니다.

### 수요일: 가족에게 감사하기

오늘은 가족에게 감사하기를 해봅니다. 자리를 잡고 앉거나 눕습니다. 고요히 호흡을 해봅니다. 사랑하는 사람이 누구냐고 물으면 가장 많이 나오는 답이 가족이죠. 그런데 누구에게 가장 상처를 받았느냐고 물어보면 역시 가족이 가장 많습니다. 가족은 참 고맙고도 아픈 존재입니다. 우리가 하는 연습은 조건 없이 감사하기입니다. 오늘도 아무 조건 없이 가족에게 감사해보겠습니다. 마음속으로 감사하다고 말하면 깊은 기억 속에 내장되어 있던 어떤 감정이 올라올 수 있습니다. 그 감정에 휘둘리지 마십시오. 그 기억은 지나간 기억입니다. 쉽지 않을 수 있습니다. 마음속에서 싸우고 요동치는 모습, 힘겨워하는 모습을 볼 수도 있습니다. 하지만 어떤 순간이든 그저 바라보십시오. 마음이 너무 요동쳐 심장이 뛰고 견디기 힘들면 눈을 뜨십시오. 그리고 조금 더 나아진 상태에서 다시 해보십시오. 가족과 관계가 좋은 분도 많이 있을 것입니다. 관계가 아주 좋거나 사랑하는 마음이 넘치는 분이라면 그저 "감사합니다"라고 말합니다. 특별히 감사할 이유가 있다면 이유도 함께 말합니다. "엄마, 절 낳아주셔서 감사합니다", "아버지, 절 마음에 품어주시고 길러주셔서 감사합니다", "동생아, 나의 친구가 되어주어 고맙다", "형도 힘들었을 텐데 늘 날 지지해줘서 고마워" 등. 이 시간은 단순해지는 시간입니다. 단지 고마워하는 마음을 가집니다. 마음의 스위치를 바꾸어봅니다. 그 순간 사랑과 감사의 에너지가 흐릅니다. 마음이 환하게 밝아집니다. 가족 한 사람 한 사람에게 감사한 마음에 충분히 머문 다음, 천천히 몸을 움직여 명상에서 깨어납니다.

### 목요일: 함께 살아가는 사람에게 감사하기

자리를 잡고 앉거나 눕습니다. 편안한 호흡을 해봅니다. 오늘은 가족 외에 나와 함께하는 사람에게 감사하기입니다. 직장 동료, 친구, 선배나 후배, 이웃, 취미 활동을 함께하는 사람 등 누구라도 좋습니다. 지금 이 순간 옆에 있는 사람, 나와 긴 시간을 함께하는 사람, 늘 마음에 머무르고 있는 사람, 내가 잘 모르지만 이 세상을 함께 살고 있는 사람까지 감사해도 좋습니다. 여러분의 삶에는 많은 사람이 있습니다. 그 사람들과 함께 만들어가는 나의 삶, 그들이 있기에 내가 있습니다. 그들에게 먼저 감사한 마음을 보내보세요. 아주 쉽습니다. 마음으로 그 사람을 떠올리며 그저 "고맙습니다"라고 말해봅니다. 마음속으로 하고 싶은 말이 있으면 합니다. 의식에 떠오르는 주변 사람 한 명 한 명에게 "감사합니다, 함께 살아주어 고맙습니다"라고 말해봅니다. 감사한 느낌에 젖어 그대로 머물러봅니다. 충분히 한 후, 서서히 몸을 움직여 깨어납니다.

### 금요일: 일에 감사하기

오늘은 일에 감사하기입니다. 자리를 잡고 앉거나 누워서 편안한 호흡을 합니다. 우리는 일을 합니다. 우리가 가장 많은 시간을 보내는 것 중 하나죠. 스트레스도 가장 많이 받고요. 일을 즐겁게 하는 사람은 드뭅니다. 노는 게 일이 되면 노는 것조차 싫어집니다. 싫어도 피할 수 없는 것이 일입니다. 그런데 사실 일이 있고, 그 일을 할 수 있다는 것은 고마운 일입니다. 누구는 어떤 일을 하는데, 나는 이런 일을 한다고 비교하지 않아도 됩니다. 그저 내가 하는 일에 감사하는 마음을 내봅니다. 내가 잘하는 일에 대해 감사한 마음을 전합니다. 내가 잘하지 못하는 일에도 감사하는 마음을 냅니다. 돈을 벌 수 있는 일에도, 돈을 벌 수 없는 일에도 똑같이 감사해봅니다. 내가 다른 이를 위해, 혹은 나 자신을 위해 할 수 있는 일이 있다는 사실에 감사하는 마음을 가집니다. 마음으로 "감사하다"라고 말하고, 조용히 소리를 내어도 말해봅니다. 감사한 느낌에 젖어 그대로 머물러봅니다. 충분히 한 후, 서서히 몸을 움직여 깨어납니다.

### 토요일: 완전한 휴식에 들기

지금까지 감사한 마음 가지기를 연습해보았는데, 어떠셨나요? 어려웠을 수 있습니다. 마음의 스위치를 바꾸는 것이 쉽지만은 않았을 것입니다. 오늘은 완전한 휴식을 위한 명상을 해보겠습니다. 감사하는 마음도 내려놓고, 나를 위한 완전한 휴식을 기꺼이 허락합니다. 가장 편안한 자세를 취해봅니다. 편안한 자리에 대자로 누워 몸에 긴장을 풉니다. 얼굴에 살짝 미소를 짓습니다. 앉아서 해도 좋습니다. 등을 쭉 펴고 어깨에는 힘을 뺍니다. 고개는 반듯이 하고 턱은 살짝 안쪽으로 당깁니다. 얼굴에 미소를 짓습니다. 이제 들고 나는 숨을 바라봅니다. 편안한 숨과 함께, 세상의 짐을 모두 내려놓습니다. 세상에서 내가 할 일을 모두 다 이루었다, 이제 내가 할 일은 더 이상 없다는 마음으로 모든 것을 맡깁니다. 잠이 오면 잠깐 잠에 들어도 좋습니다.

다시 한 번 몸의 긴장을 완전히 풉니다. 얼굴, 목, 가슴의 긴장을 풉니다. 숨을 토하면서 가슴을 비웁니다. 모든 것에서 벗어나 푸른 하늘을 나는 새처럼 자유로워집니다. 숨을 토하면서 아랫배의 긴장을 풉니다. 손끝, 발끝까지 계속 내려가 긴장을 완전히 풉니다. 숨을 토하면서 몸이 새털처럼 가벼워졌다 상상해봅니다. 편안한 호흡과 함께, 이번에는 내가 새털보다 가벼워져 텅 비었다 상상해봅니다. 그 상태에서 완전한 휴식을 취합니다. 충분히 휴식한 후, 서서히 손끝과 발끝을 쥐었다 폈다 해봅니다. 천천히 고개도 좌우로 돌려봅니다. 어깨도 가볍게 들썩이며 몸을 깨웁니다. 두 팔을 위로 올리면서 기지개를 쭉 켭니다. 손을 따뜻하게 비벼서 눈 위에 올려놓고 따뜻한 온기를 전합니다. 다시 손을 비벼서 얼굴 전체를 만져줍니다. 눈, 코, 얼굴의 움푹움푹 들어간 곳을 만져주고 꾹꾹 눌러줍니다. 얼굴과 목도 쓸어주고 만져줍니다. 자리를 정리하기 전, 내가 쉬고 있는 이 순간 이 장소가 나에게 가장 좋은 휴식의 장소라고 생각하고, 내게 찾아온 휴식에 감사한 마음을 가져봅니다.

## 3주 명상

지금까지의 연습을 통해 몸과 마음에 변화가 있으셨는지요? 더 여유 있고 평화로워졌길 기원합니다. 3주차 명상도 특정한 시간과 장소를 정해서 규칙적으로 합니다. 그리고 명상할 때 눕지 않고 바른 자세로 앉아서 해보겠습니다. 방석에 앉을 경우, 엉덩이 부분을 조금 높여 앉으면 허리를 더 잘 세울 수 있습니다. 허리를 바르게 세우고 고개를 살짝 당겨 앉으세요. 어깨와 얼굴이 긴장되지 않도록 주의하고요. 이런 자세를 하는 것은 더 안정된 자세로 오래 앉아 있기 위해서입니다. 편안한 음악을 들으며 하는 것도 좋습니다. 의자에 앉아서 해도 좋습니다. 엉덩이를 의자 깊숙이 넣어 바르고 안정된 자세로 앉습니다. 허리를 펴고 어깨는 긴장을 풉니다. 손은 무릎 위에 자연스럽게 내려놓고, 얼굴에는 미소를 짓습니다.

명상에서 호흡은 기본입니다. 숨은 내 마음이라고 말씀드렸습니다. 명상하기 전에 먼저 아랫배로 부드럽고 풍부한 호흡을 해보세요. 억지로 하지 말고 자연스럽게 합니다. 특별한 방법이 있는 것이 아닙니다. 아랫배로 들이쉬고 내쉬면 됩니다. 내쉴 때 길게 충분히 내쉬면, 들어오는 숨은 저절로 들어옵니다. 비워야 채워지는 원리입니다. 그렇게 들고 나는 숨을 바라봅니다. 숨이 들어올 때 우주의 좋은 기운이 들어온다 생각해도 좋고, 사랑 · 행복 · 용서 같은 말을 떠올리며 내게 그 기운이 들어온다는 느낌을 지녀도 좋습니다. 숨이 나갈 때는 내 안의 좋지 않은 기운이 모두 나간다는 느낌을 가져봅니다. 그런 느낌 없이 그냥 호흡해도 좋습니다. 호흡을 바라보는 동안 생각이 나면 그저 생각이 떠올랐구나 알아차리고 다시 호흡으로 돌아옵니다. 내게 일어나는 모든 것을 허용하고 바라봅니다. 하늘의 달을 바라보듯이, 아기의 얼굴을 바라보듯이 그저 봅니다. 호흡이 부드럽고 풍부하고 자연스럽게 되면 호흡도 잊습니다.

명상을 마치면 서둘러 일어나지 말고 먼저 천천히 손가락, 발가락부터 꼼지락거려 깨우고 기지개도 쭉 켜보세요. 그리고 눈을 뜨고 명상을 마무리합니다. 3주차의 명상 역시 마음의 스위치 켜기라는 사실을 상기해주세요. 단지 스위치를 바꾸는 겁니다. 그 순간 마음의 방이 환해집니다.

### 일요일: 자존감 가지기

3주 첫 명상은 자존감 가지기입니다. 자리에 바르게 앉습니다. 눈을 감고 몸에 힘이 들어간 곳은 없는지 살핍니다. 그리고 긴장된 곳의 힘을 모두 뺍니다. 숨을 크게 들이마시고 길게 내쉽니다. 편안히 안정될 때까지 몇 차례 반복합니다. 호흡이 안정되면, 들고 나는 호흡과 함께 모든 것을 하늘에 맡겨봅니다. 근심과 걱정과 절망, 기쁨과 기대와 희망, 모든 것을 하늘에 맡깁니다. 그리고 나는 지금 이대로 이미 완전하다, 내가 할 일은 없다는 느낌을 갖습니다. 구체적이지 않아도 좋습니다. 그런 느낌만으로도 좋습니다. 내가 가장 아름다웠을 때, 내가 가장 행복했을 때, 환하고 밝고 아름다운 나의 모습을 떠올려도 좋습니다. 아름답고 행복한 내 모습을 바라봅니다. 내 안에서 빛나는 참모습을 느껴봅니다. 나는 이미 완전합니다. 그것이 사실입니다. 잡념이 떠오르면 떠오르는 생각을 억지로 지우려 하지 말고 그냥 바라보며 수용합니다. 그리고 나는 완전하다는 느낌으로 다시 돌아옵니다. 어둡고 힘들고 비참한 기억이 떠오를 수 있습니다. 그것도 그대로 수용하며 바라봅니다. 지우려고 하거나, 싸우려고 하거나, 극복하려 하지 않습니다. 단지 그것을 바라봅니다. 그리고 다시 나는 완전하다, 부족한 것이 없다는 느낌으로 돌아옵니다. 완전한 나를 받아들입니다. 그 마음에 충분히 머무른 다음 서서히 명상을 정리합니다.

### 월요일: 호연지기 기르기

자리에 바르게 앉습니다. 눈을 감고 몸에 힘이 들어간 곳은 없는지 살핍니다. 그리고 긴장된 곳의 힘을 모두 뺍니다. 숨을 크게 들이마시고 길게 내쉽니다. 편안히 안정될 때까지 몇 차례 반복합니다. 호흡이 안정되면, 들고 나는 숨과 함께 내가 머무르고 있는 공간만큼 마음이 커진다는 느낌을 가져봅니다. 내가 우리 집만큼, 우리 동네만큼, 뒷산만큼, 우리나라만큼 커진다는 느낌을 차례로 가져봅니다. 내가 지구만큼, 우주만큼 커진다는 느낌도 차례로 가져봅니다. 온 우주를 품고 있다는 행복한 느낌에 머무릅니다. 그리고 그 안에 있는 모든 것을 분별없이 품는다는 느낌에 젖습니다. 마음은 한순간에 우주만큼 커질 수도, 좁쌀만큼 작아질 수도 있습니다. 내가 커지면 크게 보였던 문제들이 작아집니다. 내가 작아지면 사소한 문제도 나를 힘들게 합니다. 나의 큰마음을 즐깁니다. 나는 큰 사람입니다. 그 느낌에 충분히 머무른 후, 서서히 명상에서 깨어납니다.

### 화요일: 용서하기

자리에 바르게 앉습니다. 눈을 감고 몸에 힘이 들어간 곳은 없는지 살핍니다. 그리고 긴장된 곳의 힘을 모두 뺍니다. 숨을 크게 들이마시고 길게 내쉽니다. 편안히 안정될 때까지 몇 차례 반복합니다. 호흡이 안정되면, 들고 나는 숨과 함께 내가 모두의 어머니라는 느낌을 가져봅니다. 그 느낌을 충분히 실감한 다음, 내가 상처 준 사람이 있다면 그 사람에게 용서를 구합니다. "용서해주세요"라고 마음으로 말하고 입으로도 말합니다. 용서를 구하는 나를, 어머니의 마음으로 가만히 품어 안습니다. 나는 용서받을 가치가 있습니다. 다음으로 나에게 상처를 준 사람이 있다면, 그 사람의 얼굴을 떠올립니다. 미운 사람을 떠올리는 일은 힘든 일입니다. 가만히 바라보고 있어도 좋고, 아직 그럴 준비가 안 되었다면 다시 호흡으로 돌아와 내가 모두의 어머니라는 느낌을 가져봅니다. 시간이 필요할 수 있습니다. 이제 준비가 되었다면 그 사람의 얼굴을 가만히 바라보고, 그 사람의 어머니가 되어봅니다. 존재하는 모든 것은 어머니가 있습니다. 그를 낳아준 어머니가 되어 그 사람을 품어봅니다. 그 사람의 순수한 첫 모습을 떠올리며 그를 용서합니다. 그도 용서받을 가치가 있습니다. "용서합니다"라고 마음으로 말하고 조용히 입으로 말해봅니다. 내가 용서한 그 사람이 참모습으로 환하게 빛난다는 느낌을 가져봅니다. 어둡고 무섭고 힘든 기억이 떠오른다면 수용합니다. 이겨내려고 하지 않습니다. 그리고 자연스럽게 호흡과 함께 다시 시작합니다. 모두의 어머니가 되어, 모두를 품는 느낌을 가집니다. 햇살이 모두에게 그 빛을 내려주듯이, 모든 것을 용서하고 품습니다. 충분히 했다면 서서히 명상에서 깨어납니다.

**수요일: 사랑하기**

자리에 바르게 앉습니다. 부드럽게 눈을 감습니다. 몸에 힘이 들어간 곳은 없는지 살피고, 긴장을 풉니다. 숨을 크게 들이마시고 길게 내쉽니다. 편안히 안정될 때까지 몇 차례 반복합니다. 호흡과 함께, 가슴으로 사랑의 빛이 들어온다고 느껴봅니다. 따뜻하고 밝은 사랑의 빛이 가슴에서부터 온몸으로 퍼져간다고 느껴봅니다. 온몸을 가득 채운 사랑의 빛이 몸 밖으로도 퍼져나가 온 세상을 비춘다고 상상해봅니다. 사랑은 나를 사랑하는 것부터 시작합니다. 나를 미워하거나 받아들이지 못한다면 다른 사람도 사랑하기 어렵습니다. 나는 사랑받을 가치가 있습니다. 가슴에서 시작된 사랑의 빛이 나를 환하게 비춥니다. 나를 사랑하는 느낌에 젖어봅니다. 다른 사람들도 사랑받을 가치가 있습니다. 내 가슴에서 나온 사랑의 빛이 그들도 환하게 비춘다고 느껴봅니다. 사랑으로 환히 빛나며 행복한 느낌에 그대로 머무릅니다. 이 모든 일이 부질없고 억지스럽다고 느낄 수도 있습니다. 그런 느낌도 수용합니다. 저항하지 않고 그저 다시 호흡으로 돌아와 가슴에 사랑의 빛을 느낍니다. 나에게, 다른 사람들에게 그 사랑의 빛을 전합니다. 그럴 가치가 있습니다. 사랑의 느낌에 충분히 머무른 후, 서서히 명상에서 깨어납니다.

**목요일: 만트라 부르기**

자리에 바르게 앉습니다. 부드럽게 눈을 감습니다. 몸에 힘이 들어간 곳은 없는지 살피고, 긴장을 풉니다. 숨을 크게 들이마시고 길게 내쉽니다. 편안히 안정될 때까지 몇 차례 반복합니다. 호흡과 함께, 마음속으로 '미안합니다, 용서하세요, 고맙습니다, 사랑합니다' 라고 말해봅니다. 이 4가지 말을 반복합니다. 마음으로 말해보고, 입으로 소리 내 말해봅니다. 말에는 힘이 있습니다. 노래처럼 반복해 말하면서, 이 말들의 울림을 가슴으로 느껴봅니다. 특정한 대상을 떠올리며 "미안합니다, 용서하세요, 고맙습니다, 사랑합니다" 라고 말해봅니다. 마음으로 말하고 소리 내 말합니다. 자기 자신에게 "미안합니다, 용서하세요, 고맙습니다, 사랑합니다"라고 말해봅니다. 특정한 대상 없이 "미안합니다, 용서하세요, 고맙습니다, 사랑합니다"라고 말해봅니다. 이 말들이 나와 세상을 모두 정화한다는 느낌으로 정성껏 합니다. 잡념이 떠오르면 저항하지 않습니다. 단지 바라보고 다시 이 용서와 사랑의 신비한 만트라로 돌아옵니다. 충분히 한 다음, 명상에서 깨어납니다. 이 만트라는 생활 속에서 간단히 할 수 있는 명상입니다. 마음으로 입으로 언제나 이 아름다운 만트라를 불러보세요. 자기만의 음을 붙여 노래해도 좋습니다.

### 금요일: 바라보기

지금까지 신체 감각을 깨우는 것에서 시작해, 우리 몸과 마음을 최상의 긍정적 상태로 끌어올리는 명상을 했습니다. 나와 세상에 대한 감사, 용서, 사랑, 깊은 휴식까지. 몸과 마음이 최상의 긍정적 상태에 이르면, 바라보기 명상을 더욱 잘할 수 있습니다. 바라보기는 특정한 상태를 상상하거나, 느끼려고 애쓰지 않습니다. 그저 지금 이 순간 일어나는 것에 고요히 몰입하는 명상입니다. 그것으로 족합니다. 단지 보는 것. 오늘은 모든 것을 있는 그대로 명료하게 보는 힘을 키워봅니다. 보면서 깨끗이 비워지고 깊어지는 경험을 합니다. 이제 부드럽게 눈을 감습니다. 몸에 힘이 들어간 곳은 없는지 살피고, 긴장을 풉니다. 숨을 크게 들이마시고 길게 내쉽니다. 편안히 안정될 때까지 몇 차례 반복합니다. 눈을 감고 호흡하는 동안 신체 감각, 감정, 생각이 의식에 떠오를 것입니다. 그것은 떠올랐다 사라집니다. 내가 살아 있는 한, 그것은 끝없이 반복됩니다. 그것을 모두 받아들입니다. 그리고 단지 바라봅니다. 바라보는 동안 어떤 고통이 느껴질지 모릅니다. 고통을 수용하고 바라봅니다. 바라보는 동안 희열이 올라올지도 모릅니다. 그것도 단지 바라봅니다.

신비로운 현상이 일어날 수도 있습니다. 그것도 수용하고 바라봅니다. 좋다거나 싫다는 느낌을 전혀 더하지 않습니다. 있는 그대로 받아들이고 바라봅니다. 모든 것은 지나갑니다. 바라보는 나도 잊습니다. 단지 바라만 봅니다. 충분히 한 다음 깨어납니다. 명상 시간만이 아니라, 일상생활 속에서도 꾸준히 하기 바랍니다. 늘 깨어서 바라볼 수 있을 때까지, 바라보기를 확장하세요.

**토요일: 아무것도 하지 않기**

오늘은 아무것도 하지 않습니다. 특정한 시간과 장소도 정하지 않습니다. 하루 동안 여느 때와 다름없는 일상을 보냅니다. 집안일이 있다면 합니다. 약속이 있다면 외출해 사람을 만납니다. 아무 일이 없다면 집 안에서 책을 보거나, 화초를 가꾸거나, 게으르게 누워 있어도 좋습니다. 무엇을 해도 좋습니다. 과거도 미래도 아닌, 지금 이 순간만이 가장 확실한 실재입니다. 지금 여기 이 순간이 나의 삶입니다. 단지 삶 자체가 됩니다. 아무것도 하지 않습니다.

명상을 마쳤습니다. 존재하는 모든 것이 평화롭기를!

## 명상을 마치며

명상은 신비한 체험이거나 초월적 마법 같은 것이 아닙니다. 단지 나를 이해하는 과정이며, 넓은 마음과 맑은 정신을 가지기 위한 방편입니다. 호흡하고, 상상하고, 만트라를 말하고, 바라보고, 특정한 자세를 취하는 것은 모두 그것을 위해 현자들이 고안한 것들입니다. 이 사실을 상기하고, 나에게 맞는 방법을 찾아보세요. 그리고 그 방법을 통해 넓은 마음, 맑은 정신, 고요한 쉼을 누리시길 기원합니다.

이제 모두 끝났습니다. 드디어 여러분은 여행지에 도착했습니다. 배를 버려야 할 때죠. 지금부터는 여행을 즐기세요. 자신의 인생을 말입니다. 우리의 인생은 아프고, 공허하고, 외롭고, 화나고, 무섭고, 피곤하며, 지루한 여행지입니다. 하지만 그것은 소풍과도 같습니다. 게다가 짧은 소풍입니다. 누구나 곧 그것을 깨닫게 됩니다. 그러니 부디 이 소풍에서 꽃송이처럼 피어나는 존재의 고요와 행복을 감지하시길. 모든 것을 자연스럽게 받아들이고, 좋은 벗과 스승도 만나시길. 그러니까 우리가 노을 지고, 덧없이 어두워질지라도, 별처럼 귀하고 아름답다는 사실을 잊지 마시길, 두 손 모아 기원합니다. 우리는 반짝이는 이 순간을 그리워할 것입니다.

# 주

+

**休, 하나**

1) 잭 콘필드, 추선희 옮김, 『처음 만나는 명상 레슨』(불광출판사, 2011), 24쪽.
2) 윤종모, 『치유 명상』(정신세계사, 2009), 159~160쪽 참조.
3) 필립파 페리, 정미나 옮김, 『인생 학교: 정신』(쌤앤파커스, 2013), 22~23쪽.
4) 릭 핸슨 외, 장현갑 외 옮김, 『붓다 브레인』(불광출판사, 2010), 48~49쪽 참조.
5) 마벨 카츠, 박인재 옮김, 『사랑과 평화의 길, 호오포노포노』(침묵의향기, 2013), 48~49쪽.
6) 고미숙, 『동의보감, 몸과 우주 그리고 삶의 비전을 찾아서』(그린비, 2011), 253~257쪽 참조.
7) 장현갑, 『명상에 답이 있다』(담앤북스, 2013), 26~27쪽.
8) 장현갑, 『마음vs뇌』(불광출판사, 2009년), 136쪽. 144쪽 참조.
9) 장현갑, 위의 책, 19쪽.
10) 장현갑, 위의 책, 19~20쪽. 43쪽 참조.
11) 앨런 월리스, 이창협 옮김, 『마음과 통찰』(클리어마인드, 2012), 51쪽.
12) 릭 핸슨, 이보경 옮김, 『붓다처럼 살기』(열대림, 2012), 211~212쪽.
13) 조 비테일 · 이하레아카라 휴 렌, 황소연 옮김, 『호오포노포노의 비밀』(판미동, 2011), 57쪽.
14) 조 비테일 · 이하레아카라 휴 렌, 위의 책, 48쪽.
15) 황성주, 『암은 없다』(청림출판, 2009), 153~154쪽 참조.
16) 마벨 카츠, 박인재 옮김, 『사랑과 평화의 길, 호오포노포노』(침묵의향기, 2013년), 125쪽.
17) 김영우, 『빙의는 없다』(전나무숲, 2012), 6~16쪽 참조.
18) 에크하르트 톨레, 류시화 옮김, 『삶으로 다시 떠오르기』(연금술사, 2013), 284~285쪽.
19) 권복기, 『하루에 단 한 번』(한겨레출판, 2008), 189~191쪽 참조.
20) 길희성, 『길은 달라도 같은 산을 오른다』(휴, 2013), 40~42쪽 참조.
21) 조앤 보리센코, 장현갑 옮김, 『마음이 지닌 치유의 힘』(학지사, 2005), 45~46쪽 참조.
22) 자허, 『숨 명상 깨달음』(하늘못, 2005), 52~53쪽 참조.
23) 앨런 월리스, 이창엽 옮김, 『마음과 통찰』(클리어마인드, 2012), 34쪽 참조.

休, 둘

1) 존 퀘이조, 황상익 외 옮김, 『콜레라는 어떻게 문명을 구했나』(메디치미디어, 2012), 17~19쪽 참조.

2) 전세일, 『동서 의학과 동서 미술 치료』(학지사, 2009), 162쪽.

3) 이찬수 외, 『식탁의 영성』(모시는사람들, 2013), 37쪽 참조.

4) 이찬수 외, 위의 책, 58쪽 참조.

5) 이찬수 외, 위의 책, 70~86쪽 참조.

6) 권복기, 「음식이 약이다」, 『살림이야기』(한살림, 2009년 겨울호), 135~136쪽 참조.

7) 김은숙 외, 『치유 본능』(판미동, 2012), 201쪽 참조.

8) 권복기, 「기혈 순환에 도움이 되는 체조」, 『산청생활건강지도사 자료집』(산청한방약초연구소, 2012), 19~20쪽.

9) 전세일, 『내 몸이 의사다』(넥서스, 2006), 157쪽 참조.

10) 울리히 슈나벨, 김희상 옮김, 『행복의 중심, 휴식』(걷는나무, 2011), 156~158쪽 참조.

11) 금인숙, 『신비주의』(살림, 2006), 67~68쪽 참조.

12) 전세일, 위의 책, 180쪽 참조.

13) 전세일, 위의 책, 181쪽 참조.

14) 고미숙, 『동의보감, 몸과 우주 그리고 삶의 비전을 찾아서』(그린비, 2011), 189쪽.

15) 고미숙, 위의 책, 193쪽 참조.

16) 장현갑, 『마음vs뇌』(불광출판사, 2009), 30~31쪽.

17) 전세일, 『보완 대체 의학』(계축문화사, 2004), 4쪽 참조.

18) 오홍근 외, 『새로운 의학, 새로운 삶』(창작과비평, 2000), 49쪽.

19) 오홍근 외, 위의 책, 51~53쪽.

20) 오홍근 외, 위의 책, 56쪽.

21) 로이 포터, 여인석 옮김, 『의학: 놀라운 치유의 역사』(네모북스, 2010), 25~26쪽 참조.

22) 로이 포터, 위의 책, 210쪽 참조.

23) 이종찬, 「전통 의학을 보는 오늘의 시각」, 『새로운 의학, 새로운 삶』(창작과비평 2000), 84~85쪽 참조.

24) 존 퀘이조, 위의 책, 338~366쪽 참조.

25) 래리 도시, 차혜경 외 옮김, 『치료하는 기도』(바람, 2008), 91~115쪽 참조.

休, 셋

1) 신원섭, 『숲으로 떠나는 건강 여행』(지성사, 2007), 46~53쪽 참조.

2) 신원섭, 위의 책, 23~29쪽 참조.

3) 신원섭, 위의 책, 55~60쪽 참조.

4) 신원섭, 위의 책, 40~45쪽 참조.

5) 브라이언 리 몰리노, 김정우 옮김, 『신성한 지구』(창해 2002), 152쪽.

6) 브라이언 리 몰리노, 위의 책, 153쪽.

7) 브라이언 리 몰리노, 위의 책, 153쪽.

8) 브라이언 리 몰리노, 위의 책, 28~29쪽.

9) 브라이언 리 몰리노, 위의 책, 34~35쪽.
10) 브라이언 리 몰리노, 위의 책, 35쪽.
11) 이기애, 「식물과 자연 음악」, 『숲과 종교』(수문출판사, 1999), 205~209쪽 참조.
12) 전영우, 「무속 신앙에 나타나는 자작나무의 상징적 의미」, 『숲과 종교』(수문출판사, 1999), 61~66쪽.
13) 히라노 히데키, 한국산림치유포럼 옮김, 『산림 테라피』(전나무숲, 2011), 41~42쪽 참조.
14) 히라노 히데키, 위의 책, 29쪽 참조.
15) 히라노 히데키, 위의 책 145쪽 참조.
16) 히라노 히데키, 위의 책, 120쪽 참조.
17) 문효 외, 『치심』(왕의서재, 2009), 82쪽. 150쪽 참조.

休休, 넷

1) 잭 콘필드, 이균형 옮김, 『깨달음 이후 빨랫감』(한문화, 2006), 49~50쪽 재인용.
2) 카렌 암스트롱, 이다희 옮김, 『신화의 역사』(문학동네, 2005), 158쪽.
3) 박미리, 「연극 치료의 이해-수용과 전망」, 『예술과 치유: 사회 치유 기능으로서의 예술』(한국예술연구소, 2012), 10쪽.
4) 오원식, 「예술 치유의 현황과 발전 방안 연구: 국립예술치유센터 설립을 중심으로」(한국예술종합학교 전문사 논문, 2014), 11~15쪽 참조.
5) 진교훈, 「한국 민간 신앙에 나타난 자연」, 『숲과 종교』(수문출판사, 1999), 32쪽.
6) 헨리 지거리스트, 황상익 옮김, 『문명과 질병』(한길사, 2008), 248쪽.
7) 강경선, 「플라톤과 아리스토텔레스의 음악관에 대한 음악 치료적 이해」, 『인문과학연구』, 제34집(강원대학교 인문과학연구소, 2012), 417~436쪽 참조.
8) 헨리 지거리스트, 위의 책, 367쪽.
9) 이부영, 「예술과 의술」, 『예술 속의 의학』(허원미디어, 2012), 17~18쪽. 29쪽 참조.
10) 캐서린 콜린 외, 이경희 외 옮김, 『심리의 책』(지식갤러리, 2013), 114~117쪽 참조.
11) 히라노 히데키, 한국산림치유포럼 옮김, 『산림 테라피』(전나무숲, 2011), 227~230쪽; 캐서린 콜린 외, 위의 책, 174~177쪽 참조.
12) 안도 오사무, 이필원 외 옮김, 『심리 치료와 불교: 선과 명상에 대한 심리학적 이해와 적용』(불광출판사, 2010), 98~104쪽 참조.

epilogue

1) 김영한, 「이상 사회와 유토피아」, 『한국사 시민 강좌』, 제10집(일조각, 1992), 163~191쪽 참조; 루이스 멈퍼드, 『유토피아 이야기』(텍스트, 2010), 83~96쪽 참조.
2) 서신혜, 『조선인의 유토피아』(문학동네, 2010), 65~70쪽 참조.
3) 워런 와거, 이순호 옮김, 『인류의 미래사』(교양인, 2006), 461쪽.

아무것도 하지 않는

행복

휴(休)



초판 1쇄 2014년 6월 25일 찍음

초판 1쇄 2014년 6월 30일 펴냄

지은이 | 오원식

펴낸이 | 강준우

기획 · 편집 | 박상문, 안재영, 박지석, 김환표

디자인 | 이은혜, 최진영

마케팅 | 이태준, 박상철

인쇄 · 제본 | 대정인쇄공사

펴낸곳 | 인물과사상사

출판등록 | 제17-204호 1998년 3월 11일

주소 | (121-839) 서울시 마포구 서교동 392-4 삼양E&R빌딩 2층

전화 | 02-325-6364

팩스 | 02-474-1413

www.inmul.co.kr | insa@inmul.co.kr

ISBN 978-89-5906-260-7 03180

값 14,500원



이 도서의 국립중앙도서관 출판시도서목록(CIP)은 서지정보유통지원시스템 홈페이지(http://seoji.nl.go.kr)와 국가자료공동목록시스템(http://www.nl.go.kr/kolisnet)에서 이용하실 수 있습니다.

(CIP제어번호 : CIP2014018585)